Pemberdayaan –
eine Lebensgeschichte

P. Hermann Stahlhacke MSF

Bibliografische Information der Deutschen Nationalbibliothek:
Die Deutsche Nationalbibliothek verzeichnet diese Publikation in der
Deutschen Nationalbibliografie; detaillierte bibliografische Daten sind im
Internet über http://dnb.dnb.de abrufbar.

© 2021 Walter Wolf, Drolshagen

Herausgeber und Layout: Walter Wolf, Drolshagen

Herstellung und Verlag: BoD – Books on Demand, Norderstedt

ISBN: 978-3-7534-0832-3

Titelbild: Detail aus dem Lebensbaum-Tabernakel

Geleitwort Weihbischof Matthias König

Matthias König
Titularbischof von Elicroca
Weihbischof in Paderborn

Der Heimatverein Drolshagen hat sich der lobenswerten Aufgabe gestellt, die Lebensspuren von „Drolshagenern in aller Welt" zu verfolgen.

Dabei führt natürlich kein Weg an Pater Hermann Stahlhacke MSF (Missionar von der Heiligen Familie) vorbei.

Vor Jahrzehnten hat er sich nach Asien aussenden lassen und wirkt seit langer Zeit auf der Insel Borneo - Kalimantan.

Für eine Reihe von Jahren hat er auch das schwere Amt des Provinzoberen in der Region übernommen.

In dieser Zeit fiel eine wichtige Grundsatzentscheidung der MSF: Nicht mehr Europa sollte Zentrum der Arbeit und Berufungswerbung sein, sondern der asiatische Raum. Denn dort, vor allem in Indonesien, in Vietnam und auf den Philippinen, baten immer mehr junge Männer, in diese Gemeinschaft aufgenommen zu werden.

Das führte zu „beneidenswerten Nöten": Die vielen Kandidaten müssen untergebracht, ernährt und ausgebildet werden. Vorhandene Häuser reichten nicht mehr aus, neue Konvente für diese Postulanten und Novizen, sowie auch für die zeitlichen Professen im Studium mussten gefunden oder neu gebaut werden.

Pater Stahlhacke hat schon als Provinzial, aber seitdem in vielfältigen Aufgaben mitgeholfen, diese Not zu lindern. Viel Gutes ist entstanden, viele Berufungen konnten gefördert werden, viele junge Männer wurden für die Missionare der Heiligen Familie zum Priesterberuf geführt.

Manche, die heute in der Provinzleitung tätig sind, sind Schüler von Pater Hermann oder in seiner Zeit in die Gemeinschaft eingetreten. Er selber ist von demütiger Dankbarkeit über all das, was Gott hat wachsen lassen.

Ich selber durfte im Februar 2015 zusammen mit dem Missionsreferenten unseres Erzbistums Paderborn, Herrn Ulrich Klauke, und einer kleinen Gruppe Pater Stahlhacke in Ampah auf Kalimantan besuchen. Dort durften wir das „St. Liborius Haus" auf dem Gelände der MSF feierlich einweihen, das als Unterkunft für Katechisten und andere Mitarbeiter und Mitarbeiterinnen in der Gemeindearbeit dient. Sein Heimatbistum konnte dieses und andere Projekte aus weltkirchlichen Mitteln großzügig fördern.

Es war damals eine Freude, den Pater mit so viel Vitalität und Engagement mitten unter den Menschen zu erleben.

Auch eine Fahrt in das Landesinnere machte deutlich, wie sehr er dort mit den Menschen verbunden war. Wir sind bereichert und dankbar wieder nach Deutschland zurückgekehrt, beeindruckt von der Persönlichkeit eines echten Missionars, dessen Wirken und Persönlichkeit wichtige Weichen gestellt hat.

Nun lebt er, wie er selber es formuliert hat, auf dem „Altenteil" seiner Gemeinschaft. Aber auch von dort aus ist er unermüdlicher Brückenbauer von Hilfe und Fortentwicklung der Missionare von der Heiligen Familie. Drolshagen hat allen Grund, auf diesen durch die Heimat im Glauben tief geprägten Glaubensboten stolz zu sein. Gut, dass sein Leben und Wirken vom Heimatverein auf diese Weise gewürdigt wird! Dazu viel Segen!

+ Matthias König

Vorwort Heimatverein Drolshagen

Unser Heimatverein hat schon auf seiner ersten Homepage über Pater Hermann Stahlhacke und seine Tätigkeitsschwerpunkte auf Borneo kurz berichtet; und zwar unter der Rubrik „Drolshagener in aller Welt", in der besondere Drolshagener Bürger mit ihren Arbeiten, vorwiegend in der Entwicklungshilfe, vorgestellt wurden.

Auf der neu gestalteten Homepage sollte natürlich auch Hermann Stahlhacke nicht fehlen. Doch der Text und die dazugehörigen Bilder sollten jetzt mehr Auskunft geben als auf der alten Internetseite.

Um diesen Eintrag zu schreiben, haben Walter und Dorothee Wolf (Hermann Stahlhackes Nichte) ihn gebeten, von sich und seiner Arbeit zu berichten, um aus diesen Informationen eine Internetseite zu gestalten. Über ein Jahr hin kamen so viele Informationen, Geschichten und Bilder von und über Hermann Stahlhacke zusammen, dass eine einzelne Internetseite gar nicht ausgereicht hätte, um die Fülle seiner Tätigkeiten und „Wirkungen" angemessen darstellen zu können. So kam nun eine eigene Veröffentlichung mit seinen eigenen Texten zustande, der der Heimatverein eine große Leserschaft wünscht.

Hermann Stahlhacke war (und ist) der Drolshagener, der auf der Insel Borneo in Südostasien am weitesten entfernt von seiner Sauerländischen Heimat wirkt. Ja, Hermann Stahlhacke „wirkt". So knapp, aber auch so präzise könnte es die Leserin, der Leser der hier vorgelegten Lebensbeschreibung Hermann Stahlhackes am Ende der Lektüre zusammenfassen.

Der Familienname Stahlhacke ist im Drolshagener Land weit verbreitet. Eine Hacke aus Stahl ist ein kräftiges Werkzeug. Hermann Stahlhacke macht seinem Namen alle Ehre. Er war und ist es immer noch: ein wirkkräftiges Werkzeug im Garten des Herrn.

Dr. Stephan Schlösser
Vorsitzender des Heimatvereins für das Drolshagener Land e.V

Ein Wort zuvor...

Im Jahr 2020 kamen zwei glückliche Zufälle zusammen. P. Hermann Stahlhacke, Ordenspriester der MSF, der „Missionare von der Heiligen Familie", in Indonesien und unser Onkel, fragte in einer Mail nach dem Datum der ersten Marienheider Wallfahrt der Drolshagener Pfarrgemeinde nach dem Ende des Zweiten Weltkriegs. Wir waren erstaunt über eine derartige Frage und so teilte er uns mit, dass P. Joseph Pati Mudaj, ein junger indonesischer Mitbruder, anlässlich des 100. Jahrestages der Tätigkeit der „Missionare von der Heiligen Familie" im Jahr 2026 ein Buch über deren Geschichte in Indonesien und dabei auch über ihn, den letzten Europäer seiner Kongregation, schreiben wolle und dazu natürlich von ihm Fakten benötige. Gleichzeitig hatten wir im Vorstand des „Heimatvereins für das Drolshagener Land" einen Vorschlag aufgegriffen, wieder über die Menschen aus Drolshagen, die irgendwo auf der Welt eine besondere Aufgabe erfüllen, zu berichten. Diese sollten auf der Homepage des Heimatvereins vorgestellt werden.

Daher habe ich unseren „Öime", wie wir ihn oft liebevoll in Drolshagener Platt nennen, gebeten, gleich zwei Fliegen mit einer Klappe zu schlagen, was heißt, die Erinnerungen, die er seinem Mitbruder weitergab, auch mit uns zu teilen. Aber das ging nicht so einfach, wie wir uns das vorgestellt hatten, da er nicht dasselbe gleichzeitig in zwei Sprachen verfassen konnte, zumal wir den eigenartigen indonesischen Humor in einer Übersetzung nicht ohne weiteres verstehen könnten. Und er wollte sich ganz auf die Drolshagener einstellen.

Auf meinen Vorschlag, doch nur ein paar Daten tabellarisch für die Homepage zu schicken, gab er zur Antwort, das könne er nicht; vielmehr wolle er erzählen und auch für den Heimatverein etwas genauer und umfassender schreiben.

Daraus ist ein sehr intensiver Austausch per E-Mail über mehr als ein Jahr geworden. Diesen habe ich zusammengeführt, ohne seine erzählende Sprache zu verändern, die das Drolshagener Idiom mit indonesischer Sprachgewohnheit verbindet. Es ist ein sehr persönlicher, authentischer, detailreicher und stellenweise emotionaler Text geworden, der ihn so darstellt, wie wir ihn über viele Jahre erfahren haben.

Anlässlich seines 60-jährigen Priesterjubiläums möchten wir vielen, die ihn kennen oder die ihn mittelbar kennenlernen wollen, sein Leben vorstellen, sein unbeirrbares Engagement, meist in aller Stille, seinen tiefen Glauben an das Gute im Menschen und die Liebe zu denen, die ihm anvertraut sind. Und deshalb haben wir diesem Buch den indonesischen Titel „Pemberdayaan" gegeben, was so viel heißt wie „Kraft verleihen, Dynamik geben".

Nicht umsonst hat er im vergangenen Jahr oft Saint-Exupérys Kleinen Prinzen zitiert: „Du bist für all das verantwortlich, was du dir vertraut gemacht hast". Für die meisten Menschen in seinem geliebten Drolshagen werden die Geschichten, die er erzählt, unbekannt sein. Es bleibt daher zu hoffen, dass die Geschichte seines Lebens sie bereichern kann.

Drolshagen, im Frühjahr 2021   Walter Wolf

Pemberdayaan – eine Lebensgeschichte

Präludium

Ich sitze im Halbdunkel auf der Terrasse, damit ich vom Wi-Fi des Seminars profitieren kann; unser Wi-Fi ist schon zum dritten Mal nicht in Ordnung. Ich schreibe so etwas wie Memoiren, damit ich etwas zu tun habe. und da erwähne ich auch unsere Drolshagener Kirche.

...

Aber was meine Memoiren angeht, die Du vielleicht für einen Eintrag in eurer Homepage unter „Drolshagener in aller Welt" unterbringen könntest, muss ich Dich enttäuschen. Ich schreibe auf Indonesisch. Die Idee dafür kam von einem jungen Mitbruder, der selbst gerne schreibt, im Rahmen unserer MSF-Geschichte auf Kalimantan. Wir sind 2026 als Missionare 100 Jahre hier. Und weil ich zufällig der letzte Mohikaner der alten, der europäischen Missionare bin, soll ich etwas zur Feierlichkeit beitragen. Und gleichzeitig soll es wohl ein Beitrag werden für unsere jungen Leute, besonders die noch in der Ausbildung sind. Er wird also im pädagogischen Stil aufgesetzt. Ich schreibe nicht streng chronologisch, sondern mehr nach Themen. Ich soll z. B. über meine Jugendzeit schreiben, über Berufung usw. Da habe ich also jetzt die Zeit von der Machtübernahme der Nazis, die ja mit meinem Geburtstag ungefähr zusammenfällt, bis zur ersten Wallfahrt nach Marienheide dazu gepackt.

...

Ihr Lieben, ich versuche weiter zu machen, mit erheblichen Schwierigkeiten: ich bin ein Abendmensch, vielleicht wie die Fledermaus, die tagsüber im Gebälk kopfüber über mir schläft, jetzt aber unterwegs ist auf Nahrungssuche; ich habe also die Post auf den Abend verschoben und sitze nun auf der Terrasse, mit einer kleinen Lampe im Rücken, damit ich die Tasten sehen kann; aus einem Wust von Kabeln aus Beppos Zimmer habe ich mir eine kleine Lichtleitung gebaut.

...

Ich habe ja sonst nichts zu tun; und da habe ich eben mit Schreiben angefangen, Anekdötchen usw. Vieles ist natürlich nur im Indonesischen interessant, wie Sprachwitz und Ähnliches. Zum Beispiel habe ich in meiner Provinzialzeit aus Geckerei nach einem Synonym für MSF gesucht, wie „Schlaue Jungs" für SJ, die Abkürzung für die Jesuiten, und da habe ich im Wörterbuch das Wort „Musafir" gefunden, wo gleich alle drei Buchstaben vertreten sind: MuSaFir. Das Wort ist eigentlich arabisch, wird aber auch in Indonesien gebraucht, meist poetisch, und bedeutet so viel wie „Pilger", „Wanderer". – So weit so gut. Zur gleichen Zeit brauchte ich eine Adresse und einen Namen für den schmalen Gang von der Hauptstraße zu unserem Provinzialat. Ich habe den zuständigen Mann, einen Hadji, darum gebeten und „Gang Musafir" vorgeschlagen. Er fragte: „Warum diesen Namen?" Ich sagte ihm: „Wir sind alle Pilger auf dieser Erde zu Gott im Himmel." – „Oh schön, schön!" sagte er und ich hatte einen Namen für unseren Gang – und dazu einen frommen Eindruck hinterlassen. Aber die Geschichte ging noch weiter. Der Direktor unseres Seminars, des Postulates, das auch am „Gang Musafir" liegt, sollte ein Drei-Monats-Magazin herausgeben. Er hat das Magazin „MuSaFir" genannt, mit den drei erhöhten Buchstaben M S F. Anschließend haben wir Wasser aus unserem guten Brunnen in Ampah verkauft, und das Wasser „MuSaFir-Wasser" genannt. Seit einigen Monaten gießt ein Bruder hier auf unserm Komplex Kerzen für Kirchen, später auch Devotionalienkerzen; die haben einen Sticker „Lilin-MuSaFir", „MuSaFir-Kerze"

...

Ja, das reizt natürlich, einen eher lustigen Artikel zu schreiben. Oder wie ich in einem Dorf im Gebiet um Ampah zu einer neuen Gemeinde kam, nur, weil ich dort an einem Abend mit meinem Motorrad platt gefahren habe. Also „eine neue Gemeinde dank Platten am Motorrad."

...

Aber nun weiter an der „Geschichte". Heute Nachmittag – es ist gerade 17.00 Uhr vorbei – kann ich fast nichts sehen, es wird wohl gleich regnen. Ich soll kurz in Tabellenform von mir erzählen, hahaha... Kann ich nicht. Ich habe damals in Ampah mit Stress bei einem Antrag an Misereor aufgegeben, weil die Dame dort immer wieder forderte, dass Dinge, die ich geschrieben hatte, in einer anderen Tabelle aufgeführt werden müssten. Warum hat sie das nicht selbst getan? Alle Informationen waren da, nur nicht in der richtigen Tabelle. Ja, und jetzt kommt die Dunkelheit dazwischen.

...

So, Ihr Lieben in der Engelbertstraße, heute kann ich bei vollem Licht in meinem Zimmer schreiben, das Wi-Fi ist wieder in Ordnung, bis der nächste „Tupai" wieder alles durcheinanderbringt. „Tupai" ist kein Eichhörnchen, gleicht ihm aber etwas; es gibt zig auf unserm Komplex, auf den Bäumen, sie lieben alle Kabel zum Laufen und turnen. Sie werden auch „Baumratten" genannt, ein hässlicher Name für die putzigen Tierchen; es gibt sie in vielen Größen, von 10 cm bis einen halben Meter mit Schwanz. Und bei all ihren wendigen Kletterkünsten nehmen eben auch Kabel, die zum Wi-Fi gehören, immer wieder Schaden.

Es ist Zeit zum Essen.

Herzliche Grüße. Euer Onkel Hermann ..."

Zu Hause – Schulzeit – Noviziat – Priesterweihe

Ich wurde in Drolshagen im Sauerland am 10. Februar 1933 als viertes Kind der Eheleute Emma und Ernst Stahlhacke geboren. Kindheit und Volksschule erlebte ich in der Zeit des Nationalsozialismus in einem Elternhaus, das sich konsequent katholisch gegen die Ideologie der Nazis abschirmte. Ich war dabei, wenn mein Vater BBC hörte, den verbotenen englischen Sender, den kleinen Volksempfänger auf dem Tisch, eine dicke Decke über sich und das Radio gezogen. Später hörte ich, dass man „englisch Inhalieren" dafür sagte. Ich konnte aber trotzdem das Sendezeichen des Senders hören: vier Paukenschläge des Leitmotivs, das den Anfangstönen der Beethovenschen Schicksalssymphonie ähnelte, dreimal kurz, einmal lang. Unsere Mutter lief jedes Mal einige Male ängstlich ums Haus, ob sich vielleicht ein Unberufener, ein möglicher Denunziant, draußen aufhielt. Ich habe als Jugendlicher den Einmarsch der Amerikaner miterlebt und spielte noch auf dem zurückgelassenen Tiger-Panzer am Herrnscheid.

Ja, dort bin ich nicht nur darauf herum, sondern auch in den Panzer geklettert, eine große Granate hing in einer Hebevorrichtung vor der Öffnung zum Kanonenrohr. Der Panzer stand in Hützemert in dem Seitental nicht weit von der Hagener Straße, und – soweit ich mich erinnere – nicht weit von Ackerschotts[1] Haus. Mutter Agnes kann sich vielleicht noch erinnern.

Zufällig habe ich mir vor ein paar Tagen einige Bücher von Ampah holen lassen, u.a. das Buch „Kriegszeit und Kriegsende im Drolshagener Land", das Hubertus (Halbfas) herausgegeben hat. Darin steht ja die Geschichte vom Tiger-Panzer. Dass ich auf dem „Schicksalspanzer" gespielt habe, ist ja ziemlich makaber, oder wie soll man das nennen? Der Bericht vom Panzerkommandanten Doll in dem Buch mit dem Titel: „Ein Schuss auf Kirchturm Drolshagen! – Wie Drolshagen seiner Vernichtung entging" ist ziemlich beängstigend. Nur die Befehlsverweigerung des Kommandanten und seiner Mannschaft, die ihnen das Leben hätte kosten können, hat Drolshagen gerettet. Ihr habt doch sicher das

---

[1] *Das Elternhaus der Frau seines Bruders Werner*

9

Buch oder es ist in der Heimathaus-Bücherei. Eine Erinnerung für die Drolshagener Jugend über den Umweg meiner Memoiren wäre sicher nicht falsch.

Die erste Marienheider Wallfahrt der Drolshagener zu „Mariä Heimsuchung"[2] nach dem Ende des Nationalsozialismus war für mich ein einschneidendes Erlebnis nach den Beschränkungen und Schikanen der Nazizeit. Mit wehenden Bannern ging es vorbei an ausgebrannten Militärlastwagen, kaputten Panzern und zerstörten Häusern. Es war ein langer Zug, viele junge Männer darunter, die aus der Kriegsgefangenschaft zurückgekommen waren. Wenn ich damals schon etwas von Psalmen verstanden hätte, dann hätte ich den 125. Psalm zitiert: *„Ein Wallfahrtslied. Als der Herr das Los der Gefangenschaft Zions wendete, da waren wir alle wie Träumende. Da war unser Mund voll Lachen und unsere Zunge voll Jubel. Da sagte man unter den anderen Völkern: «Der Herr hat an ihnen Großes getan.» Ja, Großes hat der Herr an uns getan. Da waren wir fröhlich."[3]* Das war die Stimmung.

Der Entschluss, Priester zu werden, kam urplötzlich, wie ein Blitz aus heiterem Himmel. Mein Vater hatte mich schon beim Friseur Michels in Olpe für die Lehre vorgestellt. Von Harnischmachers Alfons – direkter Nachbarn von uns – wussten wir alle, dass er Priester werden wollte[4]. Wir kannten uns gut vom gemeinsamen Ziegenhüten der Jungen vom Benolper Weg im Hünkeshohl, zusammen mit Wagners Richard und Bertrams Heinfried. Ganz gleich wie: am späten Nachmittag, bevor Alfons von seinen Eltern in die Missionsschule St. Maria nach Oberhundem gebracht werden sollte, gingen wir beide etwas spazieren. Ja, und da schlug „der Blitz in den Zunder, der gleich in hellen Flammen stand". – Die Frage ist nun: wer, wie, wo, was bereitete den Zunder vor? Etwas, was nie vorher irgendwie zur Frage stand. Nicht mal ein normales Gymnasialstudium wurde in der Familie Ernst Stahlhacke auch nur angedacht. Dies war für eine Arbeiterfamilie zum damaligen Zeitpunkt

---

[2] *Traditionell am zweiten Wochenende nach „Mariä Heimsuchung" (2. Juli)*

[3] *Ps 126 - Tränen und Jubel. Aus: Das Buch der Preisungen – Verdeutscht von Martin Buber; Lambert Schneider, Gerlingen 1998*

[4] *„Oder sollte? Er war das zehnte Kind von 13; ob sein Vater, biblisch, den „Zehnten" dem Herrn opfern wollte?" (H.S.)*

völlig unüblich. Daher war sich mein Vater meiner Berufung nicht so sicher und meinte nur: „Strohfeuer". Dass er da ablehnend von „Strouh-füer" sprach, ist verständlich.

Ja, was hatte den Zunder bereitet? Ich denke, die gediegen-christliche Familie, das selbstverständlich-katholische Leben in Drolshagen, der Dienst als Messdiener in der Krankenhauskapelle. Auch Lesen, Lesen, Lesen in der Borromäus-Bücherei im Vereinshaus. Besonders ein Buch habe ich in Erinnerung: „Der fliegende Pater" von dem Oblaten-Missionar und Piloten-Pater Schulte. Er erzählt, wie er mit seiner einmotorigen kleinen Maschine auf Kufen die Missionare in der extremen Einsamkeit der Eskimo-Mission in Nord Alaska mit dem Nötigsten versorgte, u.a. auch Post, Messwein, Hostien usw. Er berichtet von einem Mitbruder, der die Briefe von zu Hause einige Male durchlas und dann an einer Kerze verbrannte; vielleicht, damit er in seiner schwierigen Mission nicht durch Erinnerungen behindert würde. Auch ein Stapel der Missionszeitschrift „Stadt Gottes" der Steyler Missionare, aufbewahrt in der Vorratskammer zu Hause, war meine intensive Lektüre. Das alles wird zur Zundervorbereitung beigetragen haben.

Ich bin dann zur Missionsschule St. Maria der MSF, der „Missionare von der Heiligen Familie", nach Oberhundem gegangen. Diese war in der Adolfsburg untergebracht. Mein Abitur habe ich in Düren gemacht und bin dann 1955/56 in das Noviziat nach Mühlbach bei Bad Neustadt an der Saale in Unterfranken gegangen.

Die philosophischen und theologischen Studien absolvierte ich in dem Ordensseminar der MSF in Ravengiersburg im Hunsrück. Dort wurde ich am 2. Juli 1961 durch Weihbischof Stein, Diözese Trier, zum Priester geweiht, damals das Fest „Maria Heimsuchung", das jetzt verlegt ist.

Der Novize
Hermann Stahlhacke

Für einen Drolshagener ist dies schon ein bedeutender Tag, da an diesem Tag immer der große, ganztägige Sendschotter Umgang, „Ümmegang", die Prozession zu „Mariä Heimsuchung" stattfand.

Heimatprimiz Drolshagen: P. Hermann Stahlhacke auf dem Weg
von der Kirche zum Pastorat

In meiner Heimatgemeinde St. Clemens in Drolshagen feierte ich meine erste Messe am 16. Juli 1961.[5]

Der damalige Provinzial Borgert tat alles, um die Missionsschulen „auf Qualität zu bürsten". Er baute auch Kloster und Schule „Maria Königin" in Altenhundem. Und er bestimmte mich zum Lehrer. Das Studienfach konnte ich mir aussuchen. Auf meinen Einwand, dass ich kein Interesse am Schuldienst hätte, sagte er: „Der Appetit kommt beim Essen." Er kam aber nicht. Ich wählte Biologie und Sport, was mir in der Missionsschule Spaß gemacht hatte. Ja, und dann begann der „Kladderadatsch", der alles änderte: Auf dem Weg frühmorgens zum Schwimmtraining krachte ich mit meinem Motorroller mit einem Kastenwagen zusammen. Nach meiner Meinung war natürlich der Chauffeur des Autos schuld. Nach einigen hitzigen Auseinandersetzungen mit ihm fuhr ich unter großen Schmerzen am rechten Bein im zweiten Gang weiter, die andere Technik war eingeklemmt. In der Umkleidekabine des Sportseminars sah ich dann die Bescherung, alles voller Blut. Ich bat den Trainer um Verständnis und fuhr wieder los, wieder nur im zweiten Gang, um ein Krankenhaus zu suchen. Dort wurde ich verarztet, das Bein kam in Gips, denn der Knochen war angebrochen und ich wurde mit der Ambulanz in unsere Wohnung bei Ordensschwestern gebracht. Dort wohnte ich mit P. Gerhard Mockenhaupt zusammen.

Endergebnis: das erste Semester war futsch. Auf Anraten der Mitbrüder, die auch an der Uni in Bonn studierten, habe ich dann umgeschwenkt auf Deutsch und Theologie. Der Herrgott hatte wohl mit dem Kladderadatsch beabsichtigt, ich sollte etwas Vernünftiges studieren. Ja, das Vernünftige war: Ich habe Prof. Josef Ratzinger mit Themen des Konzils gehört, den späteren Papst Benediktus XVI., Peritus von Kardinal Frings beim zweiten Vatikanischen Konzil. Seine Vorlesungen waren immer im größten Hörsaal und überlaufen. Zudem habe ich bei dem Theologen Prof. Auer und dem bekannten Kirchenhistoriker Prof. Jedin im Fach Missiologie studiert.

---

[5] *Zu diesem feierlichen Akt trug P. Stahlhacke, wie es damals üblich war, einen Kranz auf seinem Kopf, da die Primiz theologisch als geistliche Hochzeit des Primizianten mit der Kirche verstanden wurde.*

Über moderne Malerei besuchte ich die Veranstaltungen von Prof. Lützeler, einem kleinen, buckeligen Mann, dem man ein Bänkchen hinstellen musste, damit er über das Stehpult schauen konnte. Seine Vorlesungen waren immer übervoll besetzt. Und zum Vergnügen habe ich „Modellieren mit Lehm" bei einer Dozentin mitgemacht. Es war etwas Vernünftiges für den weiteren Dienst am Reiche Gottes.

Dann wiederum ein neuer Schwenk: der Provinzial wurde gewechselt. Der neu gewählte P. Hubert Becker legte seinen Schwerpunkt auf „Aussendung von Missionaren". Eine ganze Klasse, bis auf einen, wurde in die Mission geschickt. Sechs davon nach Brasilien, und einer, Pater Beppo Mohr, nach Kalimantan[6], Indonesien. Aber P. Hubert Becker hatte bereits dem Missionsbischof Msgr. Romeijn MSF zwei Missionare versprochen. Nur, wo konnte man nun diesen zweiten Mann auftreiben? Und wiederum der Blitz aus heiterem Himmel. Nur den Finger hochrecken und rufen: ich, ich! genügte nicht. Ich bat meinen Mitstudenten P. Gerhard Mockenhaupt: „Bitte, fahr zum Provinzial, sag ihm ich sei bereit. Du kannst mich schlechtmachen, dass ich faul im Studium sei, wenn Du nur Erfolg hast." Ob die Intervention von Gerhard zum Erfolg geführt hat oder der Provinzial sich schämte, dass er sein Versprechen nicht halten konnte oder dass eben kein anderer zur Verfügung stand, ist nicht mehr wichtig: ich bekam die Aussendung nach Borneo.

P. Beppo Mohr und ich machten nun einen sechswöchigen sogenannten „Tropenkurs" in der Schweiz bei der Pharmafirma Geigy in Basel mit. Es ging hauptsächlich um typische Tropenkrankheiten, wie Malaria, Amöben-Dysenterie und ähnliches. Es wurde uns beigebracht, wie man eine Spritze setzt und vieles mehr. Wir wohnten bei Familien in der Stadt. Mit einer Familie, der Familie Balzardi, haben wir bis heute eine intensive Brieffreundschaft.

---

[6] *Der indonesische Name für die Insel Borneo, die sich die Staaten Indonesien (der größte Teil), Malaysia und Brunei teilen. Der indonesische Teil ist in fünf Provinzen geteilt, in West-, Süd-, Ost-, Nord- und Zentralkalimantan. Damit erhält der Begriff auch die Bedeutung von „indonesische Provinzen auf Borneo".*

Reise nach Indonesien 1964

Natürlich wollten wir beide zusammen ausreisen, aber P. Beppo Mohr bekam sein Visum zuerst, und ich fuhr einen Monat später Anfang März 1964 von Genua aus mit dem Schiff nach Indonesien, also während der Zeit des Zweiten Vatikanischen Konzils. Schon auf dem Schiff bekam ich es mit der vorkonziliaren Messfeier-Praxis zu tun. Das Schiff „Victoria" war ein italienischer Dampfer, auf dem viele katholische Missionare und Schwestern an Bord waren. Von diesen fuhren viele aus dem Heimaturlaub zurück.

P. Hermann Stahlhacke (rechts) in Genua an Bord der „Victoria", neben ihm seine Brüder Werner (2. von rechts) und Erich Stahlhacke (Mitte). P. Beils, der Missionsprokurator und ein weiteres Ordensmitglied

Die Überfahrt dauerte sehr lange und so wurde an den Sonntagen der Kindergartenraum des Schiffes zum Kirchenraum. An den Wänden der provisorischen Kapelle waren links und rechts 8 oder 10 kleine Altärchen errichtet. An jedem standen europäische und asiatische Priester, die jeder für sich eine Messe herunterlispelten, sich herumdrehten wie im Wetterhäuschen, ihr „Dominus vobis cum" an die nicht vorhandene Gemeinde richteten und sich dann selbst die Antwort gaben, ihre Kreuzzeichen über die winzigen Kelche schlugen und alles in einem Mordstempo. Es waren ja noch andere da, die auch noch an die Reihe wollten.

Ich hatte auf dem Schiff zwei evangelische Diakonissen kennen gelernt, die nach Kalimantan zurückgingen. Die hatte ich eingeladen, mit zu der Messe zu kommen. Über das zu beobachtende ritualisierte Tun habe ich mich vor den Diakonissen geschämt.

Beginn in Indonesien 1964

Zufällig kam ich zu gleicher Zeit mit unserm Generalobern P. Bliestle in der Bischofsstadt Samarinda, Ost-Kalimantan, an. Er war auf einer Visitationsreise in Indonesien. Er sagte dem Missionsbischof Romeijn: „Die deutschen Missionare müssen in der gleichen Diözese sein, also in der Diözese Banjarmasin, Süd-Kalimantan." Dort waren schon seit drei bzw. vier Jahren drei deutsche MSF-Missionare. Nach einigem Hin und Her wurden zwei neue holländische Missionare von der Diözese Banjarmasin nach Samarinda beordert und wir beide, P. Beppo Mohr und ich, in die Diözese Banjarmasin, im Süden der Großen Insel. Wir beide haben zunächst bei einer holländischen Schwester etwas Indonesisch gelernt. Danach bin ich mit P. Zoetebier auf seinem kleinen, sehr langsamen Boot ca. 500 km den Barito-Fluss hoch gefahren[7], das dauerte fast eine Woche. Ich habe dann 9 Monate lang bei ihm in Muara Teweh sehr informell die Kalimantan-Methode der Missionierung gelernt und angefangen, in der Seelsorge am Ort auszuhelfen. P. Mohr sollte bei dem deutschen Pater Karl Klein in Palangka Raya, der Provinzhauptstadt von Zentral-Kalimantan, die ersten Schritte tun.

In der Zeit, als ich bei Pater Zoetebier, einem Holländer, in Muara Teweh meine Lehrzeit absolvierte, ging es vorkonziliar weiter. Er nahm mich mit auf Tournee in die kleinen Gemeinden am Barito-Fluss. Ich sollte die Messe lesen, er setzte sich zwischen die wenigen Leute auf den Boden. Der Altar war eine Nähmaschine, die Maschine war heruntergeklappt, sie stand voller Spinnwebe an der gekälkten Holzwand. Als Ersatz für ein Kreuz hatte P. Zoetebier einen Rosenkranz an einen Nagel gehängt. Ich stand vor der schmucklosen Wand auf einer schön geflochtenen Rattanmatte. Der Wortgottesdienst war schon auf Indonesisch,

---

[7] *Überlandstraßen wurden erst Ende der 80ger Jahre gebaut.*

aber dann ging es lateinisch weiter. P. Zoetebier las dabei eine Reihe von Gebeten vor: Glaube, Hoffnung und Liebe etc. Beim „Dominus Vobiscum" drehte ich mich zu den Leuten um und sackte mit einem Bein bis ans Knie in ein Loch unter der Matte. Nun, ich war damals noch etwas beweglicher als jetzt und alles ging würdig weiter. Aber dann kam die Kommunion, Mundkommunion natürlich. Die Frauen, die Münder schwarz vom Bethelnusskauen, hielten die Hände links und rechts vom Mund, vermutlich, damit die anderen nicht ihre schwarze Zunge sähen. Es passierte später auch schon mal, dass die Hostie an der Unterlippe klebte und die verunsicherten lieben Leute mit der Oberlippe versuchten, sie herein zu ziehen. Mit der Hand durfte man ja nicht nachhelfen.

Wir waren sehr froh, als die liturgischen Neuerungen des Konzils verkündet wurden. Wir haben auch gleich angefangen, die Messe zu den Leuten hin zu feiern und die Handkommunion eingeführt. Bischof Demarteau hatte uns geschrieben: Ihr fangt nicht mit Neuerungen an, bevor ich es erlaube. Wir haben uns nicht daran gestört. In der Stadt diskutierten sie noch, wie das mit der Handkommunion gehen sollte. Mit links darf man in Indonesien nichts geben und auch nichts annehmen. Wir im Inland hatten damit kein Problem. Und die Feier der Hl. Messe wurde um vieles würdiger. Die Konzilsergebnisse halfen mir und P. Beppo Mohr auch bei der ökumenischen Zusammenarbeit. Das Zweite Vatikanische Konzil war eine große Wohltat für unsere Missionsarbeit mit dem Menschen auf Borneo.

Buntok 1965

Die ungefähr 400 km lange Flusspfarrei Muara Teweh mit einigen Nebenflüssen wurde 1965 zweigeteilt. Bei der Aufteilung gehörten die oberen 200 km zu Muara Teweh, oberhalb und unterhalb je 100 km und zu Buntok die flussabwärts liegenden 200 km. Anfang 1965 wurde ich der erste Pastor des unteren Teils in Buntok. Meine Gemeinde am Barito und an zwei Nebenflüssen hatte 25 kleine Stationen und ca. 500 Katholiken. Im oberen Teil bei P. Zoetebier blieben ca. 300 Seelen. Am Ort in Buntok lebten ca. 50 Katholiken, was zur Konsequenz hatte, dass ich

„Dienst am Ort" hatte und „auf Tournee", wie das genannt wurde, gehen musste.

Gleich zu Beginn meiner Tätigkeit als Pastor der neuen Pfarrei Buntok, hatte ich mit P. Zoetebier ausgemacht, dass er jedes Mal, wenn er mit seinem kleinen Schiff auf der Fahrt nach Banjarmasin ganz im Süden an Buntok vorbeiführe, ganz gleich ob tagsüber oder nachts, müsse er bei mir anlegen. Und jedes Mal hatte ich eine lange Liste mit Fragen bereit. Er hörte sich diese lachend an und sagte dann: „Ich würde das so und so machen. Du kannst es ja anders machen." Von sich sagte er oft: „Ich bin ein freies Vögelchen."

Weil Buntok ein Regierungssitz mit verschiedenen Schulen war, sah ich die Notwendigkeit, den Kindern aus den Dörfern in meinem Bezirk Unterkunft für den Schulbesuch zu schaffen. P. Zoetebier gab mir den Rat: „Wenn Du ein Mädcheninternat, eine Asrama[8], bauen willst, dann nimm zuerst einige Kinder in ein Zimmer der Pastorat auf, dann gibt Bischof Demarteau bestimmt schnell Geld für eine Asrama." Ich hatte acht Mädchen, die die Schule für Lehrerausbildung in Buntok besuchten, in ein Zimmer von 3 x 4 Meter gezwängt, in dem ich einen doppelten Boden als Schlafstätte einbauen ließ. Das Geld kam wie erwartet. Mit dem konnte ich dann eine eigene Mädchen-Asrama bauen. Etwas später kam eine Jungen-Asrama dazu, zuerst in einem umgebauten Vorratsschuppen. Dann bekamen die Mädchen eine bessere Unterkunft, und die Jungen zogen in die vorige Mädchen-Asrama.

So ging es immer bei mir. Wenn ich irgendwo an einem wichtigen Ort mit weiterführenden Schulen angefangen habe, habe ich Asramas gebaut, oft zuerst primitiv, dann verbessert.[9]

---

[8] *Vgl. dazu Ashram*

[9] *Anzumerken ist hier, dass anders als bei europäischen Internaten, in denen die Schülerinnen und Schüler betreut und mit Essen und Wäsche versorgt wurden, in den Asramas die Kinder für sich selbst sorgen mussten. Sie wurden zwar von einem Missionar oder einem Beauftragten begleitet, der auch in Konfliktfällen vermittelte, aber im alltäglichen Leben waren Kinder und Jugendliche auf sich selbst gestellt. Ohne die Asrama allerdings wäre es Kindern aus den Dörfern nicht möglich gewesen, weiterführende Schulen oder schulische Ausbildungen zu besuchen.*

In allen Dörfern auf Kalimantan gibt es 6-jährige Volks- oder Grundschulen. Im indonesischen Schulwesen geht es anschließend in einer dreijährigen Mittelstufe (SMP) weiter, in der auch Englisch unterrichtet wird. Den Abschluss bildet dann eine 3-jährige Oberstufe (SMA). Und die zweite und dritte Stufe gab es damals nur an den Hauptorten, u. a. auch in Buntok, aber von niedrigem Niveau, die Lehrer nicht entsprechend ihrem Fach ausgebildet oder nicht kompetent. Als ich in Buntok anfing, hatte die evangelische Kirche mit einer kleinen SMP angefangen, das Schulgebäude war aber mehr ein Schuppen.

Da kam mir der Gedanke, man müsste etwas für eine bessere SMP tun. Vielleicht mit Geldmitteln aus Deutschland und katholischen Lehrkräften aus Java. Aber eine Konkurrenz-SMP zur evangelischen SMP schien mir ungerecht. Die evangelische Gemeinde war ziemlich groß, die katholische dagegen sehr winzig, aber finanzstark über Mittel aus dem Ausland. Also warum nicht zusammenarbeiten? Ich habe P. Zoetebier gefragt und der meinte: „Das kannst du machen, ich würde es nicht tun." Nun, ich habe angefangen und mich mit dem protestantischen Pfarrer in Verbindung gesetzt. Pfarrer Bola, so hieß er, war ein sehr guter Mensch, gediegen, zwölf Kinder. Wir sind uns auf „Buntoker Ebene" einig geworden. Aber ohne Bischof und ohne die oberste Leitung der evangelischen Kirche ging es natürlich nicht.

Bischof Demarteau hatte viel vom zweiten Vatikanischen Konzil gelernt und sich zu eigen gemacht. Er war einverstanden, hat sich mit dem „allgemeinen Ältesten" der evangelischen Kirche in Banjarmasin beraten. Msgr. Demarteau hatte in diesem Mann, Domine Saloh, einen ebenbürtigen, aufgeschlossenen Mann getroffen. Und weil im fernen Pangkalan Bun, bei P. Beppo Mohr und seiner älteren Schwester, einer Ordensschwester, zur gleichen Zeit die ökumenischen Glocken geläutet hatten, haben die beiden Kirchenoberhäupter nicht nur grünes Licht gegeben, sondern gleich eine „Stiftung für Zusammenarbeit auf pädagogischem Gebiet" (oder so ähnlich) ins Leben gerufen, mit dem Namen „Yayasan (Stiftung) ABDI". „Abdi" heißt „Diener". Wahrscheinlich war dies inspiriert vom biblischen „Ich bin gekommen, um zu dienen, nicht um bedient zu werden." Übrigens kommt das Wort Abdi aus dem Arabischen, wie vieles in der indonesischen Sprache. Ihr kennt sicher muslimische Leute mit dem Namen „Abdullah", also „Diener Allahs" = „Diener Gottes". Wir Christen in Indonesien brauchen in der Liturgie auch das Wort Allah für Gott.

Einige Zeit haben wir versucht im „evangelischen Schuppen" etwas auf die Beine zu stellen. In Buntok hatten gerade die Franziskanerinnen aus Banjarmasin eine neue Stelle, ein Kloster, aufgemacht, u.a. mit Poliklinik und sie übernahmen auch die Asramas. Eine junge chinesische Schwester mit Englischkenntnissen war dabei. In Absprache mit deren Oberen wurde sie Oberhaupt der neu gegründeten „SMP-ABDI". Sie war eine energische junge Dame. Wir haben das frühere System geändert, bei dem Lehrer von umliegenden Schulen für einige Stunden ausgeliehen wurden und Unterricht gaben. Stattdessen haben wir vier Lehrer fest angestellt, und die Sache lief.

Jetzt kam der nächste Schritt. Der Schuppen auf evangelischem Grund und Boden war nichts für eine gute ökumenische Zusammenarbeit, es musste ein neutrales Stück Land sein, das ich dann auch kaufen konnte. Auf diesem sollte die neue Schule (SMP) entstehen. Mit Geld aus Deutschland hat P. Zoetebier mir am Oberlauf des Barito Holz für den Bau besorgt, Balken und Bretter in Muara Teweh sägen lassen und auch Eisenholzschindeln gekauft. Dann hat er alles Material zu einem großen Floß zusammenbauen lassen und dem Barito-Fluss den Transport überlassen. Er selbst und sein Bootsjunge[10] dirigierten mit seinem eigenen Boot durch Schieben und Drücken das große Floß in den Flussschleifen und an den Sandbänken vorbei, damit es nicht hängen blieb, bis nach Buntok.

In Buntok haben wir zusammen, Pfarrer Bola und ich, Gemeindemitglieder der katholischen wie der evangelischen Kirche und zusammen mit allen Kindern, die schon aufgenommen waren, die Bretter und

---

[10] *Die Missionare hatten für ihre langen Holzboote (lautmalerisch „klotok" genannt wegen des Geräuschs der Motoren), mit denen sie die Dörfer besuchten, einen Bootsführer. Die Flüsse, an denen die Dörfer lagen, wie der Barito und seine Nebenflüsse, waren die einzigen Verkehrswege für weite Verbindungen. Zwischen den Dörfern gab es durchaus Straßen und Wege, aber keine Überlandstraßen durch den Urwald.*

Balken auf den neuen Bauplatz geschleppt, eine deutlich sichtbare ökumenische Zusammenarbeit. Seit dieser Zeit besteht ein gutes Verhältnis zwischen den Kirchen. Und unsere SMP wurde damals schnell zur besten SMP in Buntok.

Für die Schulen haben wir gemeinsam Satzungen aufgestellt, mit denen geklärt wurde, wer für die Arbeit und den Erhalt der Gebäude zuständig war. Diese Personen wurden immer gewählt, also ein Ältester, ein Stellvertreter, ein Fachmann für Finanzen usw. Und wenn der Älteste katholisch war, war sein Stellvertreter evangelisch und bei der Neuwahl nach drei Jahren umgekehrt. Das gleiche galt auch bei den anderen gewählten Verantwortlichen.

Was uns am wichtigsten war: es wurden zwei Religionslehrer, je einer von jeder Kirche, angestellt. Das gemeinsame Morgengebet wurde einmal von einem katholischen Schüler gesprochen, am nächsten Tag von einem evangelischen, und so fort. Die kirchlichen Feste haben wir natürlich gemeinsam gefeiert. Dieses System war total neu in Indonesien und ist bis heute einmalig. Leider haben wir keine Nachfolger gefunden, die dieses Modell auch praktiziert hätten.

Das ist das, was mich an den katholischen Schulen, oft von Ordensleuten geführt, ärgert: alle Kinder werden aufgenommen, aber alle müssen dem katholischen Religionsunterricht folgen. Die katholischen Schulen werden wegen der Schulqualität aufgesucht, der Religionsunterricht wird in Kauf genommen. – Heute fristen die ABDI-Schulen ein kümmerliches Dasein, weil sozusagen in allen Orten auch eine SMP steht und noch dazu Volksschule und SMP gratis sind. Ich wollte die ABDI-SMP an die Schwesternschule (auch ein späteres Konkurrenzunternehmen) anbinden lassen, aber „zwei Religionslehrer seien unmöglich", wurde mir gesagt.

Zuerst (1965) habe ich nur versucht, ein guter Pastor für das Erbe von P. Zoetebier zu sein, mit meinem Longboot mit Außenbordmotor fuhr ich zu den kleinen Gemeinden am Barito-Fluss und an den beiden Nebenflüssen, feierte die Eucharistie mit ihnen, hielt eine oder zwei kleine katechetische Predigten, wie es gerade zu den liturgischen Texten passte. Alle waren ja noch Neuchristen. Ja, und nach der Seel-Sorge kam die Gesundheits-Sorge: ich hatte immer eine Medizinkiste dabei, wie ich es bei P. Zoetebier gelernt hatte. Im ganzen Baritogebiet gab es keinen Arzt; die örtlichen Krankenwärter hatten meist keine Medizin. Also muss die Kirche einspringen, so wie es der Lehrmeister Jesus vorgemacht hat. Nur waren die Erfolge bei uns Missionaren eben dürftiger.

Auch der Bischof hatte mir geraten, zuerst einmal zu konsolidieren, was schon vorhanden war. Aber dann kam ein Mann auf einer Außenstation zu mir, weit oben in einem Nebenfluss, getauft von P. Zoetebier, der sagte: „Meine Frau und Kinder wollen auch getauft werden." – „Wo wohnen sie?" – „Man kann dahin zu Fuß gehen." Ich habe mich mit ihm, einem Katechisten und einer Gruppe Katholiken auf den Weg gemacht: Vier Stunden durch Urwald, Kautschukplantagen, durch Flüsschen ohne Brücke. Dann waren wir in einem hügeligen Gebiet mit einer Landstraße. Das war dann der Beginn der Mission in einem Gebiet, wo noch keine katholischen Christen waren. Beim nächsten Besuch hatte sich dort schon eine kleine Gemeinde gebildet. Der Katechist Pieter Dinan begann nun mit seiner unermüdlichen Tätigkeit. Ich nenne ihn gerne: „Rasul Barito Timur", der „Apostel vom Ost-Barito-Gebiet". In einem Gebiet von ca. 80 km Länge, und ca. 40-50 km Breite, mit – für Kalimantan – vielen Dörfern, ging es nun rasend schnell voran. Immer mehr Dörfer schickten mir Briefe mit Namen von Leuten, meist ganze Familien, die katholisch werden wollten.

Ja, wie kann man in dieser Situation eine einigermaßen gute Vorbereitung und Betreuung von christlichen Gemeinden aufbauen? Wie gewohnt, die Vorsehung kam mir wieder einmal zur Hilfe. Ein katholisches Mädchen, Tariana mit Namen, das ich schon seit meinem neunmonatigen Missions-Einführungskurs in Muara Teweh in der kleinen Asrama kannte, hatte versucht Ordensschwester zu werden. Ihre ältere Schwester war schon Franziskanerin. Aber das war wohl nicht das Richtige für sie und sie kam zurück nach Buntok. Ich habe sie gebeten, mir beim Aufbau der jungen Gemeinden im Gebiet von Ampah zu helfen. Beim Gemeinde-Ältesten in Ampah hatte ich ein kleines Zimmer gemietet für meine Besuche in diesem Gebiet. Dort konnte sie in meiner Abwesenheit wohnen. Übrigens war hinter diesem Haus meine erste Bautätigkeit in Ost-Barito, und zwar ein Klo auf Stelzen, gleichzeitig Badkammer. Vorher musste man sich eine sichere Stelle zwischen den Bananenstauden suchen.

Tariana gab Religionsunterricht auf der SMP für die kleine Schar katholischer Kinder, leitete abwechselnd mit dem Gemeinde-Ältesten den sonntäglichen Gottesdienst, besuchte auch umliegende Dörfer usw. Wenn ich in dieses Gebiet kam, ging sie auch mit auf Tournee. Einmal kamen wir zu dritt zurück von einer längeren Tournee zu Fuß, Tariana, mein Bootsjunge Sejuk, und ich. Sejuk schob ein geliehenes Fahrrad mit unserem Gepäck. Kurz vor Ampah kam uns ein älterer Mann entgegen, ein pensionierter Religionslehrer der protestantischen Kirche. Als er fast bei uns war, stieg er vom Fahrrad, legte das Rad auf die Straße, ging auf mich zu, gab mir die Hand und sagte, jedes Wort betonend: „Ladang Tuan sudah kuning." = „Ihr Feld ist schon gelb / reif." Dann stieg er auf sein Fahrrad und fuhr weiter. Was diesen Andrang ausgelöst hatte, war die schlimme Geschichte der sogenannten „Kommunistenverfolgung" unter Präsident Soeharto. Es wurde einfach deklariert: wer nicht einer der fünf verfassungsgemäß erlaubten Religionen angehört (Islam, Christen Protestant, Christen Katholik, Hindu, Buddhismus), ist Atheist, und Atheisten sind Kommunisten, die ausgerottet werden müssen[11]. Vorher war die Kommunistische Partei rechtmäßig und stark sozial tätig, sodass Untergruppierungen, wie etwa kulturelle, großen Zulauf hatten. Die Menschen hatten keine Ahnung, was Kommunismus ist. Diejenigen, die da auf irgendeine Weise mitgemacht hatten, wurden als „verdächtig" geführt. Und diese strömten in diesem Gebiet in die katholische Kirche; also die Motivation war u.a. „Angst". Sie wurden aber gute Christen.

Ich kann Euch nicht die ganzen Bemühungen meinerseits aufzählen, um einigermaßen gute Gemeinden zu bilden. Ich habe überall einige Männer oder Frauen ausgewählt, meist nur mit Volksschulbildung, die mit Kurzkursen zu Religionslehrern oder Katechisten „gemacht wur-

---

[11] *Auffallend, dass Katholizismus und Protestantismus als je eigene Religion anerkannt waren, das Judentum aber fehlt.*

den", besonders für die Kinder an den Schulen. Einige, die ich dafür geeignet hielt, wurden Katechisten für einige Dörfer, denen habe ich für ihre Arbeit ein einfaches Motorrad besorgt.

P. Zoetebier hatte mir vor Beginn meiner Tätigkeit gesagt: „Hermann, wichtig ist, dass sich die Leute versammeln zum Gebet. Was sie beten, ist nicht wichtig." Und getreu diesem Grundsatz, habe ich umgehend Möglichkeiten für dieses Versammeln gesucht, leerstehende Häuser, die Innenwände wurden herausgerissen, ein Kreuz an den Giebel genagelt, fertig war eine Kapelle. Sich in den Familienhäusern zu versammeln war oft mit Schwierigkeiten verbunden: wo sich Leute versammeln, „muss" automatisch der Hausherr etwas zu Essen und Trinken bereitstellen. Oft gibt es auch irgendwelche Zwistigkeiten zwischen Familien, die sich dann gegenseitig nicht besuchen usw. Anschließend habe ich dieses Gebiet über einen Nebenfluss des Barito besucht, eine Tagesreise. In der Trockenzeit bin ich einige Male 40 km zu Fuß, zum größten Teil über einen kleinen Urwaldpfad dorthin gelaufen, alleine; es gibt ja keine großen wilden Tiere dort, oder besser gesagt, keine mehr, und die paar Schlangen, die „laufen" eh vor einem fort.

Ab 1972 konnte ich mich mehr auf dieses für die katholische Kirche fruchtbare Gebiet konzentrieren, als ein polnischer Pater nach Buntok versetzt wurde. Und Ampah wurde eine neue Pfarrei.

Ampah 1972

Ab Ende 1972 war ich dann in Ampah und Umgebung tätig. Dort hatte ich ein kleines Holzhaus von 6 x 8 m bauen lassen. Etwa ein Viertel habe ich für mich abgeteilt, alles andere war offen. In diesem offenen Teil stand ein Tisch fürs Essen und am Sonntag war er der Altar für die Messfeier. Ein Gestell mit einer Gardine trennte das Eingangszimmer noch einmal ab. Direkt daneben stand das Ehebett meines Motoristen, der mich mit dem Boot zu den Dörfern der Umgebung brachte, und seiner Frau. Dort erblickten drei kleine Dayak das Licht dieser Welt, und krähten oder weinten mir tags und nachts etwas vor. Das Eingangszimmer war gleichzeitig Wartezimmer für medizinische Versorgung, besonders am Markttag, bis nach einigen Jahren die Schwester meines

Motoristen von einem Versuch, Ordensschwester zu werden, zurück-kam. Sie war als Krankenschwester ausgebildet. Daher konnte ich nun eine kleine Poliklinik errichten. Bis dahin diente mein Schlafraum für die „medizinische Beratung"; mangels Inventar saßen die „Patienten" auf meinem Bett. Übrigens waren der Motorist und die Krankenschwes-ter Kinder des Katechisten Pieter Dinan, von dem ich berichtet hatte.

Aber, wie gesagt, meine Hauptaufgabe war die Gemeindebildung. Von 1965 bis 1972 war die Betreuung am Ort nur alle drei Monate mög-lich, darum habe ich von Anfang an daran gearbeitet, dass die zu Beginn kleinen Gemeinden so weit wie möglich selbstständig wurden. Ich hatte schon den Katechisten Pieter Dinan so instruiert. Immer wurde von An-fang an eine Organisation geschaffen mit „Ältestem, Sekretär, Geldver-walter". Alle drei Jahre war neue Wahl. Sie lernten, selbst Wortgottes-dienste zu halten, Gebete für Kranke zu sprechen und Beerdigungen vorzunehmen. Wir hatten Handreichungen dafür, zuerst gestenzelt, dann gedruckt. Als ich zum ersten Mal in das Gebiet kam, nachdem der Katechist die erste Gruppe vorbereitet hatte, führten mich die Leute zum katholischen Friedhof. Dort waren einige kleine Kinder und alte Leute beerdigt, die von Leuten getauft wurden, die selbst noch nicht ge-tauft waren, von Katechumenen eben. Ich hatte Pieter Dinan auf mögli-che Nottaufen vorbereitet. Er hatte immer, wenn er neu anfing, eine Puppe dabei und erklärte den Leuten, wie man tauft. Nur das Singen war immer schwierig; oft hatte dann die zweite Strophe eine ganz an-dere Melodie als die erste.

Die Pfarrei Ampah bestand zu Beginn aus ca. 25 kleinen Stationen; in Ampah selbst waren besonders wenige Katholiken, die meisten Be-wohner sind Muslime. Das liegt an der Geschichte der kleinen Stadt: dieser Ort wurde von der holländischen Kolonialregierung „geschaffen" und zwar als Polizeistation und Regierungssitz. Die Beamten kamen alle aus dem muslimischen Banjarmasin. Sie bauten dort eine Brücke mit Schindeldach über den Karaufluss, ganz im Stil wie in der Schweiz.

Mit Tamiang Layang, dem zweiten wichtigen Platz im Ost-Barito-Gebiet war es ähnlich bezüglich der Anzahl der Katholiken wie in Am-pah. Rund herum in den Dörfern waren ziemlich viele, aber in Tamiang Layang selbst am Anfang nur zwei zugereiste katholische Familien. In dieser Stadt war eine große protestantische Gemeinde, vor vielen Jahren von einem deutschen Missionar der Barmer Mission, Domine Gerlach, gegründet. Er hatte eine Kirche mitten im Ort gebaut, wie in Europa. Weil ich sah, dass dieser Ort für eine neue Pfarrei wichtig werden würde, habe ich – mit Erlaubnis vom Bischof – ein Stück Land gekauft. Leider hatte den Bischof der Mut verlassen, als der Besitzer ein weiteres angrenzendes Stück verkaufen wollte. Er schrieb mir: „Wir dürfen keine Großgrundbesitzer werden." Als er endlich auf mein Drängen hin zustimmte, war ein Stück davon schon verkauft. Ich baute wie gewohnt zuerst zwei kleine Asramas mit Palmblätterdach plus ein Kapellchen von der gleichen Größe, 4 x 6 m, und demselben Material und eine kleine Wohnung für einen Katechisten mit seiner Frau. Dort konnte ich übernachten, wenn ich in dieser Gegend Tournee machte. Die Asrama-Kinder gingen auf die SMA, damals der einzigen im Ost-Barito-Gebiet. Und mit der gleichen Idee wie in Ampah habe ich die „Stückzahl" der Gemeinde erhöht: in angrenzenden kleinen Dörfern lebten einige kleine Beamte, die jeden Morgen mit dem Fahrrad zur Arbeit fuhren. Ich habe sie gefragt: „Warum zieht ihr nicht nach Tamiang Layang, wo ihr arbeitet?" Sie sagten: „Wir haben dort keinen Bauplatz." Nun, diesen habe ich dann besorgt: ein alter, nicht mehr produktiver Kautschukgarten, etwas hinter der ersten Häuserreihe, stand zum Verkauf; dazu kaufte ich einen schmalen Gang zum Stück, 8 Parzellen standen bereit. Eine habe ich an einen Mathematiklehrer mit vielen Kindern verschenkt, den man drei Jahre lang zu Unrecht als Kommunist eingesperrt hatte, nur, weil er zufällig den Namen eines sogenannten Kommunisten hatte, der aber schon verstorben war. Die anderen Parzellen habe ich an katholische Familien verkauft. Und sie bauten sich dort ihr Haus: Win-win-solution! So wuchs die Gemeinde in Tamiang Layang um acht katholische Familien.

Damit der Hauptort der Pfarrei etwas besser bestückt wurde, kam ich auf die Idee, einigen Familien aus einer „Minus-Gegend" anzubieten, mit meiner Hilfe nach Ampah zu übersiedeln. Ich kaufte ein Grundstück und teilte es in Parzellen. Die Familienväter waren alle Holzsäger. Um Ampah herum war genug Wald und der Markt gut geeignet zum Verkauf. Ich habe nur geholfen, Eisenholzpfähle für die Stelzen (alle Häuser werden auf Stelzen gesetzt) und Palmblätter für das Dach zu kaufen, alles andere konnten sie selbst. Zwölf katholische Familien kamen also dazu.

Der leibliche Wohlstand der Gemeindemitglieder war immer schon Teil der Missionierung. Ich hatte das Glück, dass Msgr. Demarteau einen jungen holländischen Bruder zuerst nach Buntok, dann hinter mir her nach Ampah sandte. Bruder Jan Lanslot hat viel für die Entwicklung der Gemeinden getan, besonders in Ampah selbst mit den neu zugezogenen Mitgliedern. Sie haben neue Sawahs (nasse Reisfelder) angelegt[12], zuerst ein Stück Wald gerodet usw. Ich war der, der die Leute bei Fehlschlägen bei der Stange halten musste.

Bevor Bruder Jan in Ampah anfing, wollte er sich zuerst die Erfahrungen der Schweizer Missionare der evangelischen Basler Mission auf deren Landwirtschaftsprojekt in Tumbang Lahang am Katinganfluss zunutze machen. Also sind wir beide dorthin gereist. Das war leichter gesagt als getan: Es gab zu dieser Zeit noch keine Querverbindung auf Kalimantan; aller Verkehr, Transport usw. ging nur von Norden nach Süden über die sieben großen Ströme von Zentral-Kalimantan, die vom Mueller-Schwaner-Gebirge im Norden in die Java-See im Süden fließen: Barito, Kleiner Kapuas, Kahayan, Katingan, Seroyan, Mentaya, Lamandau. Wir mussten also vom Barito-Gebiet – ganz im Osten von Zentral-Kalimantan – ins Katingan-Gebiet gelangen. Von Ampah 250 km südwärts nach Banjarmasin, auf dem Landweg. Von dort wieder mit einem Personenboot ein kleines Stück den Barito-Fluss hoch, dann ging es westwärts durch einen schmalen Kanal zum Kapuasfluss, wieder ein Stück den Kapuas hoch, dann der nächste Kanal zum Kahayanfluss, und dann flussaufwärts bis in die Provinzhauptstadt Palangka Raya. Von dort gab es eine Asphaltstraße in Richtung Katinganfluss, aber nur ein kurzes Stück, und ab „Kilometer-Zwölf" – hatte man uns gesagt – „müsst ihr in den Urwald, zu Fuß". Es war kein normaler Pfad, sondern eine 3 bis 4 Meter breite Schneise, die in den Sumpf-Wald geschlagen worden war. Die gefällten Bäume waren der Pfad, für mich ehemaligen Ziegenhirten im Wald von Hünkeshohl keine Schwierigkeit, aber für

---

[12] *Die Dayak haben traditionell „Trockenreis" auf den brandgerodeten und nicht gefluteten Waldstücken angebaut. Die Ernte war geringer als bei Nassreis.*

Bruder Jan umso mehr: wir waren noch keine zwei Kilometer gegangen, da fiel er auf dieser ungewöhnlichen Transportroute hin, und das Schlimmste dabei war: seine Wasserflasche ging dabei in die Brüche. Also musste meine eigene Wasserflasche für uns beide die 16 Kilometer lange Strecke reichen. Dort sei eine Hütte an einem kleinen Fluss, der bis zum Katingan-Fluss hinunterfließe, so hatte man uns gesagt. Aber diese 16 Kilometer hatten es in sich. Genau von Osten nach Westen, die Sonne unbarmherzig immer über uns, nicht das leiseste Lüftchen, eine drückende, schwüle Hitze.

Ich habe noch nie einen Menschen so schwitzen gesehen wie Bruder Jan: der Schweiß tropfte von seinem Kinn und den Ellenbogen wie aus einem Wasserhahn. Er wurde kreidebleich, Dehydration. Jan war nahe am Kollaps. Ich sagte ihm: „Jan, bleib hier sitzen! Ich suche Wasser." Ich zog los, über die Baumstämme, rauf und runter, rauf und runter, so schnell es eben ging. Mein Gott, wenn mir der Mann hier im Urwald stirbt...?! Ich fand einen Tümpel neben der Strecke, Wasserspinnen und sonstiges Tierzeug kreuzten darauf hin und her. Ich habe getrunken; lieber Bauchschmerzen als Dehydration, waren meine Gedanken. Ich überholte eine kleine Gruppe Leute, die auch zum Katingan-Fluss unterwegs waren. Wann kam endlich die Hütte? Ich wollte schon umkehren und Jan das Dreckwasser aus dem Tümpel bringen. Da hörte ich ein Klopfen... die Hütte! Ein Mann besserte das Dach aus. Ich bat ihn dringend: „Bitte bringen Sie meinem Kumpel dort hinten im Wald Wasser und holen sein Gepäck. Ich bezahle es Ihnen."

In der Hütte hatte der Mann schon einen Topf voll Wasser abgekocht. Er kannte ja die Bedürfnisse seiner Passagiere nach der ermüdenden Tour über die Baumstämme. Er ging los mit meiner Wasserflasche, gefüllt mit braunem Moorwasser.

Seinem Jungen, so etwa im Schulalter, sagte ich: „Koch noch mehr Wasser ab, wir brauchen das noch." Alle Töpfe in der Hütte wurden gefüllt. Endlich kam der Mann zurück mit Jans Gepäck. „Wo ist mein Kumpel?" „Der kommt nach." Ich rief in den Wald: „Jan! Jan!" Nur ein Stöhnen kam zurück. Ich lief ein Stück in den Wald. Da saß er auf einem Baumstumpf und konnte oder wollte nicht weiter.

Das letzte Stück Baumpfad war ganz miserabel, die Stämme zum großen Teil halb im morastigen Boden versunken. Ich redete ihm gut zu:
„Komm, Jan, in der Hütte steht viel Trinkwasser bereit."

Ein breiterer Weg durch den Urwald, hier am oberen Bulik (1988)

Er zwang sich weiter zur Hütte und trank und trank. Dann legte er
sich total erschöpft auf den Hüttenboden. Die Hütte stand auf Stelzen,
wie allgemein üblich auf Kalimantan. Da sagte er plötzlich: „Hermann,
woher hattest Du den süßen Tee, den Du mir geschickt hast?" Ich hatte
nur braunes Moorwasser geschickt. Ja, Jan war schon ziemlich weit ab-
wesend gewesen, aber nun gerettet. Ich drängte ihn, noch kurz ins Wasser zu steigen und die durchschwitzten Kleider zu wechseln, dann
schliefen wir dicht gedrängt mit den anderen Reisenden auf dem
Hüttenboden.

Hütten am Rande des Dorfes Merambang am Bulik (1988)

Jan hatte sich bis zum anderen Morgen ziemlich gut erholt. Wir stiegen alle in das Ruderboot. Vater und Sohn bugsierten uns nun das schmale, kurvenreiche Flüsschen herunter bis zum breiten Katinganstrom. Nach einigem Warten kam ein kleiner Flussdampfer, und wir fuhren flussaufwärts. Wir mussten noch einmal in einem Dorf übernachten und am nächsten Tag waren wir in Tumbang Lahang. Die schweizerische Basler Mission hatte dort schon vor Jahren eine Landwirtschaftsschule für Jungen errichtet. Dazu zwei oder drei Musterhöfe, die von je einem jungen Schweizer Ehepaar betreut wurden. Ein Ehepaar von ihnen, Kaegi hießen sie, kannte ich schon vom gemeinsamen Tropenkurs in Basel.

Ich blieb noch 3 Tage bei Bruder Jan und den Schweizern, dann fuhr ich den gleichen Weg zurück. An der Mündung des kleinen Flusses heuerte ich ein Boot und zwei Ruderer an. Gegen halb vier Uhr nachmittags waren wir wieder bei der Hütte, und das Boot fuhr wieder zurück. Die Hütte war leer. Ich habe mir gedacht, die 16 km Baumpfad kann ich bis zum Dunkelwerden schaffen und ging los. Noch nicht weit... und der erste kleine Schreck: ein Orang-Utan[13] brüllte los, ganz nahe bei. Ich tastete mal vorsichtig nach meinem Buschmesser am Gürtel. Aber wahr-

---

[13] *Indonesisch: Orang = Mensch und Utan = Wald, also „Waldmensch" (H.S.)*

scheinlich trainierte er nur für die nächste Paarungszeit. Später in meiner Zeit in Pangkalan Bun hat mir Frau Birute, eine Dozentin aus Kanada, die das Orang-Utan-Reservat Tanjung Puting bei Pangkalan Bun gegründet hatte und verwaltete, bei einem Besuch erklärt, dass bei einem Kampf der Rivalen um eine Begehrte derjenige Orang-Utan-Mann gewinnt (von einem „Männchen" kann man nicht reden), der am lautesten brüllt.

Es fing an zu nieseln, die Stämme wurden glitschig, es wurde schneller dunkel als gedacht, der Schein der Taschenlampe immer streng auf den nächsten Stamm gerichtet, und dabei hatte ich wohl übersehen, dass ich ungewollt abgebogen war. Kein weiterer Stamm mehr. Ob ich wohl schon in der Nähe der Asphaltstraße war? Das Wasser knöcheltief. Und plötzlich stand ich wieder beim letzten Stamm: ich war im Kreis gelaufen. Also der nächste Versuch: immer rechts halten, flüsterte ich mir zu. Aber wieder das Gleiche: ich landete wieder an derselben Stelle. So, jetzt ist Schluss, sagte ich mir: „Nur keine Panik, Hermann!" Hier musste ich bleiben. Der Stamm hatte noch irgendeine Bindung an den richtigen Weg. Anscheinend hatte schon früher einer an dieser Stelle kampiert, einige Holzscheite waren geordnet nebeneinander über zwei Stämme gelegt. Ich band eine Leine zwischen zwei Büsche, hing meine kleine Plastikplane darüber, und wollte es mir dort den Verhältnissen entsprechend „irgendwie gemütlich" machen. Doch es begann in meinen Gedärmen zu rumoren; ich musste aus der Hose, immer wieder. Kurz nachgerechnet: ja vor einer Woche hatte ich aus dem Tümpel getrunken. Beim Tropenkurs hatte ich gelernt: Inkubationszeit bei Amöben-Dysenterie = 1 Woche. Die Krankheit, die ich schon früher aufgeschnappt hatte, kam zurück. Hungrig, frierend, Leibschmerzen, Moskitos, die die „weiße Landebahn" entdeckt hatten, und von ihr immer wieder „eingeladen" wurden.

Es war eine lange, lange Nacht. – Die Hoffnung... der nächste Morgen: der Pfad ging von Osten nach Westen; morgen würde im Osten die Sonne aufgehen; ich brauchte also nur der Sonne entgegen zu marschieren; habe ich gedacht. Aber selbst das klappte nicht sofort; der Nieselregen hörte nicht auf. Keine Sonne zu sehen. Es wurde über mir etwas heller, aber ob vorne mehr Helligkeit war oder hinten, war nicht zu entscheiden, und ich lief ein Stück... genau in die falsche Richtung, erkannte aber bald meinen Irrtum, und erreichte nach ein oder zwei Kilometern die Straße nach Palangka Raya. Ein Motorradfahrer kam vorbei, hielt an und fragte kurz: „Pastor?" – „Ja", sagte ich. Und er fuhr mich bis zur Kirche in Palangka Raya. Ich wunderte mich, vor der Kirche stand eine Reihe Motorräder, obwohl kein Sonntag war. Ich wusste, Pastor Spitters war nicht am Ort. Ich ging in die Sakristei, und sah auf dem Kalender „Christi Himmelfahrt". Ja, es hätte nicht weit gefehlt, dann wären die vergangenen Tage zu „Himmelfahrtstagen" für Bruder Jan und mich geworden.

Nach einigen Wochen kam Bruder Jan zurück nach Ampah, und er begann seine Vorstellungen von Dorfentwicklung usw. zu verwirklichen. Und alle guten Ratschläge für die Leute flossen natürlich beim Gottesdienst in den kleinen Gemeinden auch immer in meine Predigten ein.

Bruder Jan baute auch ein einfaches pädagogisches Sparsystem auf: „Sparen ist die Voraussetzung jeden Fortschritts!" Die Mitglieder bekamen ein Heft, worin sie schreiben mussten, wofür sie sparen wollten, z.B. für ein Fahrrad, wie lange sie sparen wollten usw. Wer das Geld vorher abholte, bekam nur den nominalen Wert ohne Zinsen. Wer standhielt, bekam einen guten Zinssatz. Die Sparer bekamen Spar-Marken, die sie in das Heft klebten. Das System hatte ein Jesuiten-Pater in Semarang auf Java aufgebaut, und er blieb dessen Manager.

Warum schreibe ich darüber, über die Arbeit von Bruder Jan? Weil es ein Teil auch meiner Missionsarbeit wurde: immer muss dabei Seelenheil und Leibeswohl Hand in Hand gehen. Später wurde das System zu einer „Credit Union", zu einer Art Raiffeisenkasse weiterentwickelt.

Von 1966 bis 1978 hatte sich die Zahl der Getauften im Ost-Barito-Gebiet von 0 auf ca. 3.000 entwickelt, sodass der deutsche Pater Karl Klein, der kurz vor P. Beppo und mir auf Kalimantan angefangen hatte, mich bei einer Versammlung der kleinen Schar Missionare des Bistums Banjarmasin (ganz Mittel- und Süd-Kalimantan) „Herman Pembaptis" „Hermann der Täufer" nannte. Bei der Diskussion plädierte er dafür:

„Nicht gleich ausbreiten, sondern Zentren bilden." Mit dem Ergebnis, dass in der Provinzhauptstadt von Mittel-Kalimantan, wo er Pfarrer war, zwar ein großes Schulzentrum steht, aber rund herum wenig Katholiken in den Dörfern waren. Erst später haben indonesische Steyler-Patres an den zwei großen Flüssen westlich und östlich der Stadt angefangen, aber eben zu spät. Jetzt ist die Stadt allerdings Bischofssitz geworden, und auf dem Zentrum steht nun u.a. eine theologische Hochschule für Katechetenausbildung; aber die meisten Kandidaten kommen aus Ampah und Umgebung.

Doch die kath. Gemeinde wächst auch dort durch Zuzug von anderen Inseln, besonders von den mehrheitlich christlichen Inseln Flores und Timor

Die Bezeichnung „Herman Pembaptis" war natürlich von Karl Klein spöttisch gemeint. Aber nun kommt mir dabei etwas aus früher Jugendzeit in Erinnerung: In der Kriegszeit zogen eine Reihe Familien, die im

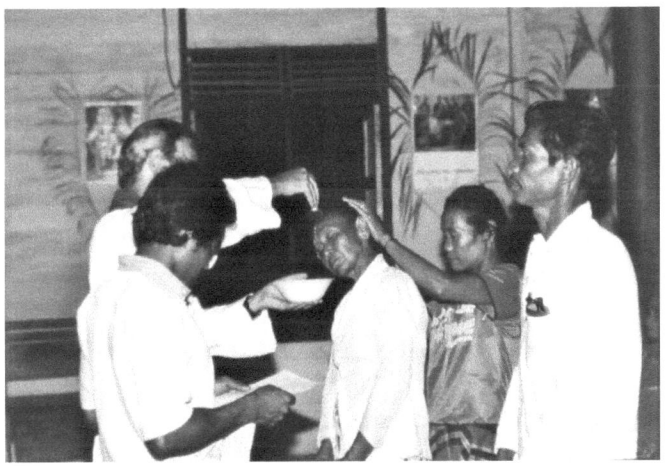

Erwachsenentaufe während einer „Tournee" 1988 - links Johan Babak Rina, der Gebietskatechist, rechts der „Gemeindeälteste" und seine Frau als Taufpaten

Kohlenpott, dem Ruhrgebiet, ausgebombt waren, nach Drolshagen.

Darunter waren auch gleichaltrige Jungen wie wir kleinen Ziegenhirten, so um die 9 bis 10 Jahre alt, die gern mit uns zusammen im Hünkeshohl spielten. Dazu gehörten Piepers Heribert, der in der Nachbarschaft bei Schwarten im Dachgeschoss wohnte, und Jungs Werner. Er wohnte mit seiner Mutter bei Dörners „obenauf". Aber irgendwann spürten wir eine Ungereimtheit zwischen uns, denn Werner war evangelisch, eine kleine Ungehörigkeit im erzkatholischen Drolshagen. Er war ein guter Kerl, nur eben mit dieser kleinen „Macke". Irgendwie musste das geändert werden. Ich hatte im Religionsunterricht in dem Sälchen zwischen Pastorat und Vereinshaus bei Schwester Theobaldine gut aufgepasst und wusste, um katholischer Christ zu sein, muss man getauft werden. Und ich wusste auch schon, dass in Notfällen jeder Mensch taufen kann und nur normales Wasser nötig ist und die Taufformel. Wir brachten Werner das „Gegrüßet seist Du, Maria" bei und das Kreuzzeichen, das „Vater unser" kannte er schon. Was hinderte uns, – so wie der Apostel Phillipus den Kämmerer – Werner zum Wasser zu führen, unten in der Wiese, über Pennen Weide. Werner stellte sich breitbeinig über den kleinen Wassergraben, ich nahm eine rostige Konservendose zur Hand – es war ja ein Notfall –, schöpfte Wasser und goss es über Werners Stirn, aber wohl mit zu viel Elan. Es floss ihm in Augen, Mund und Nase. Die Wiederholung war dann würdiger, zusammen mit den Worten: „Werner, ich taufe dich im Namen des Vaters, des Sohnes und des Hl. Geistes. Amen." Werner war katholisch getauft und nun Vollmitglied unserer Ziegenhütergruppe. Aber in den Taufbüchern der altehrwürdigen Pfarrei Sankt Clemens in Drolshagen wird man Werners Namen und den des fleißigen „Täufers" nicht finden. Es bleibt eines der vielen Geheimnisse unserer kleinen Ziegenhütergruppe.

Im Jahr 1979 wurde die Pfarrei Ampah geteilt. Ich hatte schon – mit Erlaubnis des Bischofs – vorgearbeitet. Einige Jahre vorher, als ich sah, wie sich die Missionsarbeit in diesem Gebiet entwickelte, habe ich den Bischof um die üblichen Pfarrbücher gebeten, um Tauf-, Traubücher, Totenbuch. Von da an habe ich die entsprechenden Daten aus dem Gebiet um Tamiang Layang dort eingetragen.

1979 kam ein polnischer Missionar dort hin, P. Marian Wiza MSF. Ich hatte übrigens zu der Zeit schon einen Geländewagen, einen Toyota Hardtop. Damit war ich nun ziemlich etabliert: von zu Fuß, über ein geliehenes Fahrrad, ein eigenes Motorrad und nun ein Auto. Der Vierrad-Antrieb war wegen der Straßenverhältnisse noch sehr nötig; stark wie ein Traktor. Ich habe selbst einmal einen Bus aus dem Dreck gezogen, rückwärts, ich musste ja vorbei.

Aber der Jeep kam auch anderen Menschen zur Hilfe: Wenn in dem kleinen Krankenhaus von Ampah Leute gestorben waren, bekam die Familie kaum eine Fahrmöglichkeit, ihre Toten in ihr Dorf zu bringen. Kein Sammeltaxi war bereit, eine Leiche zu transportieren, auch nicht gegen gute Bezahlung. So habe ich es eben gemacht, ohne Bezahlung. Die Familie wurde in meinen Jeep geladen, mit dem Toten auf dem Schoß. Einmal bat mich der Doktor von Tamiang Layang um Hilfe: dort war zwar in der Zeit schon ein Arzt, aber noch kein Ambulanzwagen. Eine schwangere Frau konnte nicht gebären, weil die Plazenta quer lag. Also lud ich sie in meinen Wagen, zusammen mit ihrem Mann und einer Krankenschwester. Die arme Frau wimmerte fast den ganzen Weg; einmal: „Pastor, fahr schneller!" und wenn es rumpelte: „Nicht so schnell, Pastor." Es wurde dunkel, wir waren noch weit vom Krankenhaus in Banjarmasin. Da rief die Krankenschwester: „Stopp, Stopp, Pastor. Das Kind kommt!" Ich fuhr links ran, die kleine Binnenlampe an. Das Kind war sofort da. Die Schwester sagte: „Es atmet nicht. Pastor, schnell taufen." Ich taufte es auf den Namen Helena, den Namen der Krankenschwester. Aber dann sagte sie: „Es ist schon tot." Wir fuhren weiter zum katholischen Krankenhaus in Banjarmasin; die Mutter schlief sofort ein, nach der schmerzhaften Fahrt, das tote Kind auf ihrem Bauch.

Normalerweise lief aber alles bei meinen Fahrten „normal" ab, mal mehr, mal weniger anstrengend. Wenn sich in den schmaleren Nebenflüssen ein treibender Baumstamm quergelegt und anschließend viel Holz und ähnliches sich zu einem Knäuel gebildet hatte, dann ging es natürlich rund, rein in den Fluss, ein Stück nach dem anderen musste losgezerrt werden. Aber ich bin meistens doch bis zu der Station gekommen, wo ich mich als „Pastor betätigen" wollte: die Messe feiern, Taufen spenden, und natürlich Tabletten, Tabletten, Tabletten verkaufen, es gab ja keine Gesundheitsversorgung damals.

Aber einmal wäre es fast total schiefgegangen. Es war noch in der Zeit, als ich von Buntok aus die Gemeinden im Ost-Barito-Gebiet bedienen musste. An dem Tag war ich etwas spät mit meinem Longboot losgefahren, den schmalen Karau-Fluss hinunter, sodass ich an der Mündung zum großen Barito-Fluss erst nach vier Uhr nachmittags ankam. Gegenüber der Mündung wohnte die einzige katholische Familie dieses Ortes.

Wir beide, Sejuk, mein Bootsjunge, und ich bekamen dort einen Tee wie üblich, und die Hausmutter sagte: „Fahr nicht weiter, Pastor, es ist schon spät, es ist Hochwasser, und der Fluss voller Treibholz. Ihr könnt vor der Dunkelheit nicht mehr ankommen." Aber in Buntok sollte am nächsten Tag eine Trauung sein. Also fuhren wir los, obwohl uns Missionaren immer gesagt wurde: „Hört bezüglich Wetter- und Wasserbedingungen immer auf den Rat der Einheimischen". Wie üblich lenkte Sejuk unser Boot flussaufwärts immer nah am Ufer vorbei, wo die Strömung nicht so stark war.

Aber der Fluss war über die Ufer getreten, das Ufer nicht sichtbar, und plötzlich steckten wir im Uferschlamm fest. Also raus in den Schlamm, um das Boot zurück ins Flussbett zu bugsieren. Meine große Stablampe lag auf dem Bootsboden und kam beim Hin- und Herschaukeln unter Wasser. Und das war der Beginn vom Ende: sie streikte.

Es wurde langsam dunkel, dann stockdunkel. Wenn Sejuk wenig Gas gab, ging der Motor aus, also halbe Fahrt voraus.

Der Strom voller Treibholz, wir mussten mehr zur Mitte fahren, denn das Ufer war nicht zu erkennen. Ich starrte nach vorn, aber sah den dicken Baumstamm zu spät, schrie noch „Stopp!"

Mit voller Wucht rammten wir den Stamm. Vor Schreck hatte Sejuk den Motor abgewürgt und versuchte nun, ihn wieder mit dem Seilzug zu starten. Immer wieder, es klappte nicht. Dann schrie er plötzlich: „Pastor, das Wasser steigt im Boot."

Dann spürte ich auch schon das Wasser an meinen Beinen hochsteigen. „Sejuk, komm nach vorn ins Boot, mit dem Paddel, los, ohne Motor zum Ufer", schrie ich. Ich kletterte über das Gepäck nach hinten zum Wasserschöpfen mit einer kleinen Waschschüssel. Das Boot stand allerdings quer zur Strömung, schwer mit dem Gepäck und Außenbordmotor und halb voll Wasser und wir sahen nichts

Da rief Sejuk: „Pastor, wir schaffen es nicht; lasst uns schwimmen!"
– Ich rief zurück: „Ich sehe schon das Ufer, rudere weiter". Tatsächlich

sah ich nichts. Gott wird mir diese Notlüge verzeihen, eine Notlüge in höchster Not. Mein Gott, was würde geschehen, wenn Sejuk aufgab?! Ich schöpfte Wasser wie wild; die Arme machten fast nicht mehr mit. Endlich schwache Umrisse der Uferbäume. Das Boot stieß an die Böschung, Sejuk band das Boot an die ersten besten Büsche. Beide sprangen wir aus dem Boot, dann ging der hintere Teil des Bootes unter, aber wir... gerettet! Wir hielten das Boot, die Zehen in das Steilufer gekrallt, in der Waage, damit nichts verloren ging. Wir tasteten mit den Händen, das Ufer war dicht mit Gebüsch bewachsen; unmöglich hinauf zu steigen. Sejuk schraubte unter Wasser den Außenbordmotor ab, und schleppte alles Gepäck in den vorderen Teil des Bootes, der noch aus dem Wasser ragte. Ja und dann, was macht man nun in dieser Lage? Man schreit um Hilfe. „Tolong! Tolooong!" – Nicht einmal ein Echo war zu hören. Aber wir entdeckten ein kleines Licht flussaufwärts, vielleicht hundert Meter weiter oben. Da muss einer hin. Schwimmen gegen den Strom? Unmöglich. Und Sejuk ging los, zog sich am Ufergebüsch vorwärts. Ich blieb bis zum Hals im Wasser zurück und hielt das Boot in der Waage. Ich denke, es war eine Stunde lang oder mehr. Aber in dieser Situation kann man keine Zeit einschätzen. Man wartet, wartet.

Feldhütte am Wasser, die nur vorübergehend benutzt wird. Z. B. als Unterkunft beim Fischen. (1988)

Angst hatte ich keine, es bestand ja Hoffnung. Dann sah ich oberhalb eine Fackel, die sich langsam näherte. Sejuk kam zurück mit einem Mann, sie ruderten ein ziemlich langes Boot. Wir redeten nichts. Alles Gepäck wurde in das andere Boot geschafft, ich stieg hinterher und langsam ruderten wir flussaufwärts zu der Feldhütte am Uferrand des breiten Baritostroms.

Der Mann war allein in der Hütte; hatte nichts zum Essen oder Trinken da, aber er breitete uns Matten zum Schlafen aus. Es war eine kalte Nacht in nassen Klamotten. Am nächsten Morgen hatte Sejuk schon bei benachbarten Feldhütten einen sogenannten Klotok, ein kleines Boot mit Binnenmotor auftreiben können. Der Besitzer fuhr uns heim nach Buntok, nach zwei Stunden konnten wir endlich in trockene Kleider steigen.

Nun, so ein nächtliches Missgeschick geschieht – Gott sei Dank – nicht jede Woche. Die Ironie des Geschehens: die Trauung war aufgeschoben worden.

Pangkalan Bun und Nanga Bulik 1981

1981 war die Zeit in Ampah fürs erste vorbei; erst nach der Pensionierung kam ich wieder dorthin zurück. Der Bischof hatte mich gebeten, mit Pater Beppo Mohr zu tauschen; der war schon 15 Jahre lang in dem großen Gebiet von Pangkalan Bun tätig. Die Arbeit dort war bei weitem schwieriger als die Mission am Barito-Fluss und in Ost Barito. Aber: Bischof locuta, causa finita. Beppo und ich haben miteinander ausgemacht, uns gegenseitig im je neuen Gebiet einzuführen. Er kam zuerst zu mir und ich habe ihn rundgeführt. Dann sind wir beide in Urlaub nach Deutschland geflogen. Nach dem Urlaub stand der Umzug an. Aber Beppo kam nicht. Damals gab es noch keine Querverbindungen in Zentral-Kalimantan. Heute besteht eine Querstraße von Ampah im Osten bis nach Pangkalan Bun ganz im Westen dieser Provinz, eine Entfernung von 688 Kilometern. Ich bin also von Banjarmasin aus nach Pangkalan Bun geflogen; das Pastoratsgebäude war abgeschlossen. Ein Junge vom Asrama sagte mir: „Ich weiß ein Fenster, das auf ist", kletterte hinein und schloss die Hintertür von innen auf. Der Vikar war zufällig in der Stadt, ein Amerikaner der Maryknoll-Kongregation.

Ich habe mich also am nächsten Sonntag selbst vorgestellt und das entsprechende Schreiben des Bischofs vorgelesen. Der Amerikaner gehörte zu einer Gruppe von vier ehemaligen Alkoholikern, die zuvor Jahre lang in Mindanao auf den Philippinen gewirkt hatten. Sie waren nach entsprechenden Therapien als „trocken" eingestuft und sollten sich gegenseitig stützen. Nun, dieser Mann, selbst noch nicht lange in Pangkalan Bun, hat mich rund geführt und auch die erste Tournee mit mir gemacht.

Kirche (links) und Pfarrhaus in Pankalan Bun (hinten) (1988)

Später musste er zurück nach Amerika. Der Gewohnheit der Dayak-Bevölkerung am Oberlauf des Lamandauflusses bei jeder kleinen Festlichkeit Reisbier (Tuak) auszuschenken, hatte er nicht widerstehen können. Ich hatte später immer wieder Schwierigkeiten, weil er eine Anzahl Schulkinder im Inland getauft hatte, aber bei der anschließenden feuchtfröhlichen Festlichkeit vergessen hatte, die Namen zu notieren und dann im Taufbuch einzutragen. – Aber ich will die Geschichte in Pangkalan Bun kürzer machen.

Meine neue Pfarrei war riesig. Die Stationen, also die Gemeinden in den Dörfern am Lamandaufluss mit den Nebenflüssen Bulik, Belantikan und Delang, waren damals nur mit einem Boot über die Flüsse mit vielen Stromschnellen zu erreichen. Mit dem „Klotok", einem kleinen, schmalen Holzboot mit Binnenmotor, brauchte man eine Woche bis ins letzte Dorf, schon an der Grenze zu West-Kalimantan gelegen. Nachts konnte man nicht fahren, der Stromschnellen wegen; die letzten 20 km musste man zu Fuß über schmale Pfade am Fluss entlanglaufen, wo immer – besonders in der Regenzeit – die Blutsauger an den Büschen lauerten. Nach dem Maryknoller-Missionar kam mir ein junger MSF-Pater zur Hilfe. Ich habe den Bischof gebeten, die Riesen-Pfarrei aufteilen zu dürfen, mit neuem Sitz in Nanga Bulik (d.h. „an der Mündung des Bulik"), 150 km weiter flussaufwärts von Pangkalan Bun.

Gottesdienst in der kleinen Kapelle in Nanga Bulik (1988)

Beppo lachte mich aus: „Was willst Du in Nanga Bulik, da sind doch nur zwei katholische Familien". Aber der Ort war Verwaltungssitz mit weiterführenden Schulen, dort war eine Poststelle und die letzten Chinesen-Läden[14]. Ich hatte für meine ersten Lehrjahre einen Lehrmeister

---

[14] *Oft wurden Läden durch chinesische Einwanderer oder deren Nachfahren geführt und damit auch im Inland eine Versorgung mit Gütern des alltäglichen Gebrauchs verbessert. In Merambang hat die Gemeinde eine solche Versorgung selbst aufgebaut.*

gehabt, voller Erfahrung und voller Humor, Pater Zoetebier. Und das hatte Pater Beppo Mohr gefehlt. Auf eigenen Wunsch war er dort allein eingesetzt worden.

Ich zog also nach Nanga Bulik um. Dort war ich näher bei den Dörfern der Dayak-Bevölkerung. Wie gewohnt, habe ich wieder mit kleinen Asramas angefangen und eine kleine Kapelle bauen lassen. – Heute ist Nanga Bulik eine große Gemeinde, eine Folge der „Urbanisierung".

Beppo hatte sich sehr bemüht, der Bevölkerung voranzuhelfen. Er hatte junge Männer nach Java auf Kurse geschickt, hatte mit Katechisten von Java selbst Ökonomiekurse in den Dörfern abgehalten usw. Aber einiges musste ich gleich wieder auflösen. Beppo hatte zum Beispiel unter anderem fünf javanische Familien kommen lassen, die den Dayak bessere Anbau-Methoden beibringen sollten; er hatte ihnen kleine Hütten gebaut, Land gegeben usw. Als ich kam, war nur noch eine Familie dort, weil sie sich den Anbaumethoden der Dayak angepasst hatte, alle anderen waren verschwunden, einige zurück nach Java, andere hatten sich bei Holzgesellschaften verdingt usw. Die „Weisheit der örtlichen Bevölkerung" in den täglichen Dingen sollte man am besten berücksichtigen.

Beppo hatte auch das System mit den Gebietskatechisten angefangen, die aber nach Arbeitsstunden bezahlt wurden, und daher oft einer anderen Tätigkeit nachgingen. Ich habe sie dann fest angestellt. Jedes Nebenflussgebiet bekam einen eigenen Gebietskatechisten, dem ich für den Transport zu seinen verschiedenen Gemeinden einen kleinen Boots-Motor gab. Das Boot bauten sie sich selbst.

Der Bischof hat ihnen das Recht gegeben, allen Trauungen, die keine Dispens nötig hatten, ohne besondere Delegation vorzustehen. Von der Regierung wurden sie angestellt als sogenannte „Pencatat sipil", sie mussten also in einer vom Staat angeordneten Zeremonie die zivile Rechtmäßigkeit einer Trauung bezeugen.

Wir trafen uns alle drei Monate drei Tage lang: einen Tag Evaluation, einen Tag „Einkehrtag", einen Tag Pläne für die nächsten drei Monate.

Zwei Dayak-Männer am Bulik beim Bootsbau. (1988)

Sie nahmen auch einige Dosen der wichtigsten Medizin mit zurück in ihr Dorf, zum Verkauf an die Bevölkerung in ihrem Gebiet. Diese Gebietskatechisten waren absolut notwendig bei ca. 50 Stationen, um eine minimale religiöse Versorgung zu gewährleisten.

Gruppenarbeit der Dorf- und Gebietskatechisten bei der
Fortbildung in Pankalan Bun auf der Terrasse des Pfarrhauses (1988)

Beppo hatte mit seiner Schwester Zensi, einer Ordensschwester, auch mit einer Ökumenischen Schule angefangen. Der Beginn war eine Haushaltsschule für Mädchen von Schwester Kreszentia in ökumenischer Zusammenarbeit mit einer Missionarin der protestantischen Basler-Mission, die eine gleiche Schule in Nanga Bulik führte. Aber diese Art Schulen mussten nach einiger Zeit laut Regierungsbestimmung in eine SMP umgewandelt werden plus den Spezialfächern.

Da sprang P. Mohr mit einem Zweig für Jungen ein, die landwirtschaftliche Extrastunden erhielten. Die Jungen wohnten ziemlich weit draußen in einer Asrama auf einem Landwirtschaftsprojekt, das Pater Beppo Mohr auch angefangen hatte. Das Schulgebäude war beim Pfarrhaus, aber zu klein. Ich konnte dann eine SMP-ABDI neu bauen, und später eine SMA-ABDI dazu, mit vielerlei Querelen bzgl. der gemeinsamen Leitung.

Aber es lief.

43

Die alte SMA Abdi auf dem Pfarrgelände in Pankalan Bun

Jugendliche aus den „Asrama" spielen neben Kirche und Pfarrhaus
Volleyball (unten) (1988)

Die neue SMP in Pangkalan Bun

*P. Stahlhacke (auf dem Motorrad) vor der neuen SMA ABDI
in Pangkalan Bun*

*Im Unterricht (oben) und die von örtlichen Handwerkern
hergestellten Schulmöbel für die SMP , die aus Mitteln von
Schüleraktionen der damaligen Hauptschule Drolshagen mit ihrem
Lehrer Reinhard Heer gespendet wurden. (1988)*

Nach dem Sonntagsgottesdienst in Pankalan Bun (oben)
und Gottesdienst in Tapim Bini, einige Tagereisen entfernt im Inland
(1988)

Im Gebiet oberhalb von Pangkalan Bun gab es noch verhältnismäßig viele Lepra-Kranke; ich habe dies genauer untersucht und Inventur gemacht. Die Behörden waren nur „erstaunt", dass es überhaupt Lepra-Kranke gebe.

P. Stahlhacke auf „Tournee"- Für viele Menschen im Inland von Kalimantan der einzige Zugang zu wirksamen Medikamenten (1988)

Als die Asrama-Gebäude für Jungen auf dem Landwirtschaftsprojekt schließlich nicht mehr benutzt wurden, denn der sehr sandige Boden war für Landwirtschaft kaum nutzbar, wollte ich nun die Gebäude für eine Lepra-Station benutzen. Mit den Behörden auf Provinzebene war alles klar. Ich hatte schon eine Krankenschwester, eine Chinesin aus Java. Sie sagte aber, sie könne das nicht managen. Eine bekannte Frau aus Ampah, Masiah, war bereit, aber der polnische Mitbruder dort meinte, Masiah sei zu wichtig für seine Pfarrei und ließ sie nicht gehen. Das war natürlich sein Recht. Es hat nicht sein sollen.

Archaische
Kultur der Dayak
am Oberlauf des
Bulik

Traditionelles
Langhaus

Hampatong –
hölzerne Ahnen-
Schutz- und
Erinnerungs-
skulpturen (1988)

Totenhaus – die Krüge enthalten die sterblichen Überreste von Menschen nach sieben Jahre Ruhezeit in der Erde

Totenritual von Schamanen am „Tag der bösen Geister" während der Erzählung der sieben Schöpfungsgeschichten aus der Mytholgie der Dayak

Eine Kaharingan-Zeremonie 1988

Du [15] hast mich damals (1988) besucht und auch eine Tournee mitgemacht. Erinnerst du dich an Merambang? Wir beide gingen durch das Dorf. Vor einem Haus waren einige Männer, die eine Kaharingan-Zeremonie[16] feierten. Wir haben gefragt, ob Du fotografieren dürftest, was mit Freude erlaubt wurde. Aus den anschließenden Erläuterungen wissen wir, dass es sich um ein Versprechen an den Haus- oder Familien-Schutzgeist handelte: „Wenn mein Kind die Schulprüfung in der Stadt besteht, dann werde ich diese Opferzeremonie halten." Es waren Eier in kleinen, geflochtenen Körben auf Bambus-Stäbe gesteckt und in einer Kokosnuss-Schale wurde eine Art Weihrauch verbrannt.

Kaharingan-Zeremonie in Merambang – P. Stahlhacke vorne links auf der Rattan Matte

---

[15] *P. Stahlhacke spricht W. Wolf, der ihn 1988 auf Kalimantan besuchte, in der Mail direkt an.*

[16] *Kaharingan ist eine animistische Religion der Dayak auf Kalimantan. Trotz Zugehörigkeit zu einer der fünf anerkannten Religionen in Indonesien folgen viele Dayak ihren alten religiösen Traditionen. Kaharingan bedeutet so viel wie „Lebensweise" und umfasst Ahnen- und Geisterverehrung, kann aber auch ein Konzept einer höchsten Gottheit enthalten.*

Was mir dabei besonders erwähnenswert ist: nachdem die Männer mit ihrer Zeremonie fertig waren, sagten sie ganz selbstverständlich: „So, Pastor, jetzt müssen Sie dafür beten." Ich habe dann ein spontanes Gebet an Gott den Vater in der gleichen Intention formuliert, und mit „Durch Christus unsern Herrn", geschlossen.

Schamane bindet Walter Wolf einen Tongan aus gefärbtem Rattan um, der Verbundenheit bekundet.

Die Männer standen andächtig daneben (ob auch Du andächtig warst, kann ich nicht verbürgen). Also, für diese Leute ist die Beziehung zum Überirdischen real, ganz gleich aus welcher "Richtung, oder Perspektive" sie kommt.

Mir kommt ein ähnlicher Fall in Erinnerung: Eine junge Ordensschwester, Helena MASF (also „Missions- und Anbetungsschwestern von der Hl. Familie"), kam zum ersten Mal nach ihrem Eintritt ins Kloster zurück in ihr Dorf Melata am Mentobi-Fluss, (ein kleinerer Nebenfluss vom Bulik-Fluss, an dem auch Merambang liegt). Ich habe sie mit meinem Boot dorthin gefahren. Nach all den

Begrüßungfeierlichkeiten und dem gemeinsamen Essen mit der ganzen Dorfbevölkerung sagte der Onkel: „Als Losye (der Mädchenname der Schwester) vor Jahren von hier wegzog, um zu studieren, da habe ich unserem Familien-Schutzgeist versprochen, an dem Baumstumpf da unten am Fluss zu opfern, wenn sie mit Erfolg zurückkommt. Und das werden wir jetzt tun. Alle sind eingeladen." Schwester Helena wandte sich verwirrt an mich: „Darf ich das, das ist eine Kaharingan-Zeremonie an deren Gebetsplatz." „Natürlich gehen wir mit", sagte ich. „Der Onkel ist Kaharingan und muss sein Versprechen halten." Wir kletterten also den steilen Hang am Ufer hoch; dort war ein seltsam geformter Baumstamm, ohne Blätter, aber nicht abgestorben. Der Onkel tat, was seine Religion ihm vorschrieb, und wir, die Schwester und ich mit einer Anzahl anderer Leute, standen abwartend dabei. Dann sagte der Onkel zu mir: „So, Pastor, jetzt müssen Sie beten." Was ich dann fromm christlich-katholisch getan habe. Der Herr hat unser beider Gebet angenommen.

Alter Schamane in Merambang, im Hintergrund der junge Mann,
der in das Dorf zurückgekehrt war und als Lehrer tätig wurde.

53

Vielleicht kannst Du auch kurz erzählen, wie ich versucht habe, den alten Baustil beim Kirchbau nachzuahmen. In der Kirche von Merambang habe ich eine Beluntang-Figur (eine geschnitzte Figur aus einem Ulinstamm, an den beim Totenfest der rituell zu schlachtende Wasserbüffel gebunden wird), der zufällig dem „Gekreuzigten" glich, als großes Altarkreuz anbringen lassen. Er lag im Gras an der Stelle, wo ich die Kirche bauen wollte. Die Leute haben dem nackten Körper ein Lendentuch aus Palmblättern geflochten.

Inneres der Kirche in Merambang mit der
Beluntang-Figur aus einem Ulinstamm

*Die von P. Stahlhacke im
Stil der traditionellen
Dayak-Langhäuser
errichtete Kirche in
Merambang*

*Der mythische
Nashornvogel, der Bote
aus der Ahnenwelt, wie
er die Langhäuser der
Dayak schmückt, und
das christliche Kreuz,
vereint im Giebel der
Kirche in Merambang*

P. Stahlhacke bei der Gottesdienstfeier in der Kirche
von Merambang

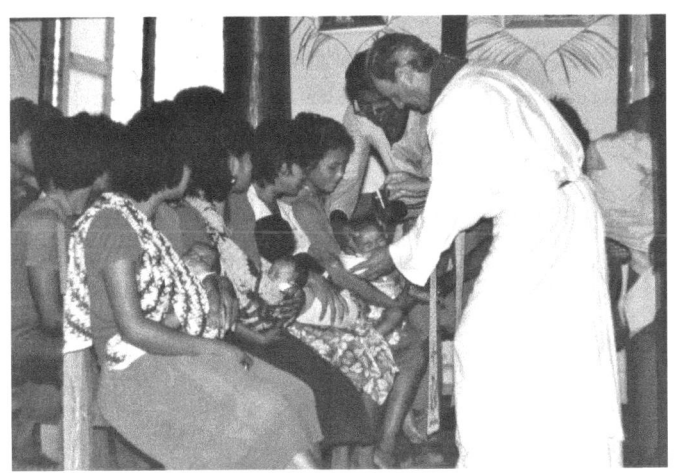

Kindertaufe im Gottesdienst ...

*... und Konferenz des Dorfkatecheten und des Gebietskatecheten
mit Prüfung der Kirchen- und Taufbücher*

Provinzialszeit – 1.Periode 1990 – 1993

1990 wurde ich zum Provinzial gewählt und zog nach Banjarbaru. Damit begann eine völlig andere Arbeit mit einer auch anders gearteten Wirksamkeit, als die Jahre vorher. Insgesamt neun Jahre war ich Provinzial unserer Provinz Kalimantan.

Ich hatte in Gesprächen mit meinen Mitbrüdern schon oft meine Version vertreten, dass „Veränderungen" nur möglich sind, wenn irgendein „Kladderadatsch" vorausgeht. Wir hatten untereinander oft unzufrieden über die Rolle der Bischöfe geklagt, die alles über die Provinzleitung hinweg regelten, sie waren ja alle von derselben Kongregation und glaubten, dass sie damit auch zum Wohl und im Sinne der Kongregation handelten. Auch die absolute Verfügungsgewalt der javanischen MSF-Provinzleitung über unsere Kandidaten in der Ausbildung lag uns schwer im Magen. Und dann kam eben der Kladderadatsch (vom Himmel geschickt?) und man konnte wieder etwas ändern; zufällig war ich wohl (wieder einmal) dazu „ausersehen".

Wir hatten schon länger ausgemacht, dass nur noch indonesische Mitbrüder die Provinzleitung übernehmen sollten. Das war auch allgemeiner Trend in der indonesischen Kirche, besonders nachdem der Minister für Religionsangelegenheiten verfügt hatte, alle Nicht-Indonesier beim Kirchenpersonal müssten durch Indonesier ersetzt werden, außer sie würden selbst die indonesische Staatsangehörigkeit beantragen. Deshalb bin ich seit 1983 „echter Indonesier" mit Zertifikat vom damaligen Präsidenten Soeharto. Der Provinzial, ein Javaner, war schon in der zweiten Periode seines Amtes, ich war sein Stellvertreter, der dritte Mann war ein holländischer Mitbruder.

Dann kamen zwei Dinge zusammen: Der Bischof von Samarinda, Msgr. Coomans MSF, schickte uns einen Bescheid, dass unser Provinzialat in Balikpapan nur Gebrauchsrecht sei und kein Eigentum. Wir fielen empört aus allen Wolken. Wir drei haben überlegt: Wie sollen wir am besten reagieren? Um Verständnis bitten, protestieren oder was? Als Provinzleitung haben wir dann radikal beschlossen: „Wir ziehen weg aus dem Bistum Samarinda und übersiedeln nach Süd-Kalimantan ins Bistum Banjarmasin." P. Provinzial kaufte auch schon bald ein

Grundstück nahe der Pfarrkirche von Banjarbaru für ein neues Provinzialat.

Aber es kam noch ein weiteres Missgeschick dazu: Unser Provinzial hatte schon eine Zeitlang gekriselt. Er fühlte sich auch nicht in der Lage, am Allgemeinen Kapitel der Kongregation in Rom teilzunehmen, und gab mir als seinem Stellvertreter den Auftrag dazu[17].

Audienz bei Papst Johannes Paul II. (1990)

Es dauerte keine Woche, da bekam ich vom zweiten Assistenten die Nachricht: „Der Provinzial ist verschwunden." Er hatte Posten und Amt verlassen. Da hatten wir also wieder den „Kladderadatsch", der alles veränderte: unsere Provinz hatte nun weder Provinzial noch Provinzialat. Wir hatten einen Null-Punkt erreicht. Aber eben dadurch die Gelegenheit für substantielle Änderungen. Altbischof Demarteau verhalf uns zu einem weiteren Vorteil aus dieser plötzlichen Misere: er stöberte im Archiv der holländischen MSF-Provinz einen Beweis auf, dass das Haus in Balikpapan doch unser Eigentum sei. Mit dieser Nachricht zog ich zum Bischof von Samarinda, sagte ihm: „Ich fordere das Haus in Balikpapan nicht zurück, aber bitte geben Sie uns dafür ein Stück Land, damit wir auch ein Haus im Bistum Samarinda bauen können". „Ja, ja,"

---

[17] *Hier fand auch die Audienz bei Papst Johannes-Paul II statt.*

sagte er, „das war auch meine Absicht." Er übergab uns das Pfarrhaus mit Grundstück der zweiten Pfarrei der Stadt. Auf dem freien Stück Land daneben konnten wir später eine zweistöckige „Biara (Kloster) Sacra Familia" bauen lassen: für unsere Pensionäre und als Unterkunft für die Missionare vom Inland, bei Arztbesuchen oder Einkäufen usw. Ja, was so ein Kladderadatsch nicht alles „gebären" kann. In Balikpapan hätten wir uns nicht ausbreiten können.

Ich leitete also wegen der Abwesenheit des amtierenden Provinzials das anstehende Provinz-Kapitel und wurde zum neuen Provinzial gewählt, gegen die frühere Abmachung, nur noch „richtige Indonesier" zu wählen. Da stand ich nun als Provinzial ohne Provinzialat. Ich konnte mich bei Msgr. Demarteau MSF in dessen provisorischem Pastorat einquartieren, einem ehemaligen Wohntrakt für Ingenieure einer Baufirma, die ein Wasserkraftwerk errichtet hatten. Der Bischof, eigentlich im Ruhestand, war nur noch Pfarrer, weil der Pastor dort verunglückt war. Ich bekam eine Parzelle von den fünf vorhandenen. Mein Provinzialat war ein Schreibtisch, eine Schreibmaschine und das Provinzials-Auto, einen Taft Daihatsu-Jeep. So konnte ich nach und nach das Archiv ca. 600 km über das Meratus-Gebirge mit zum Teil noch nicht asphaltierten Straßen von Balikpapan holen.

Ich sah bald, dass das neu gekaufte Stück Land zu klein war, um ordentlich zu bauen, dazu lag es an der sehr stark befahrenen Hauptstraße mit starkem Verkehrslärm. Ich wusste aber auch, dass unser katholischer Nachbar, der ein großes Stücke Land abseits von der Straße besaß, gerne für irgendwelche Geschäfte an die Straße wollte. Ich machte mit ihm ein Tauschgeschäft und kaufte noch hinzu. Dort habe ich dann das Provinzialat bauen lassen.

In der ersten Periode als Provinzial (1990-1993) musste ich also ein Nest bauen, d.h. nicht mir, sondern für die Zukunft der Provinzleitung und gleichzeitig das nun erste „eigene Haus" der MSF-Provinz-Kalimantan, einen zweistöckigen Bau. Ich wurde der „erste Provinzial ohne eine andere Aufgabe". Alle vorherigen waren Pfarrer und „im Nebenberuf" Provinzial.

Alles hängt natürlich mit der geschichtlichen Entstehung der MSF-Provinz-Kalimantan zusammen. Dazu ein kleiner geschichtlicher Rückblick. 1926 übernahm die Kongregation MSF von den Kapuzinern ein Missionsgebiet von der Größe ganz Deutschlands. Das jetzige Ost -, Süd- und Mittel-Kalimantan. Die Kapuziner hatten ihre eigentliche Mission in West-Kalimantan. In Ost-Kalimantan gab es nur eine einzige winzige Missionsstation am oberen Mahakam-Fluss, etwas oberhalb des Äquators, also ungefähr da, wo das Dayak-Gebiet begann. Süd- und Mittel-Kalimantan war das Gebiet der protestantischen Mission und damit „verbotenes Land für die katholischen Missionare". Die holländische Kolonialregierung hatte ganz „Holländisch-Indien"[18] streng aufgeteilt, um Reibereien zu vermeiden. Der Bischof für ganz Kalimantan war in Pontianak, West-Kalimantan. Nach einigen Jahren bekam das MSF-Gebiet einen „Apostolischen Präfekten", und später einen eigenen „Apostolischen Vikar", der eine Zeitlang selbst noch Regional-Oberer blieb. Als diese dann zu Bischöfen wurden, gab es zwar gleichzeitig Regional-Obere, dann Provinziale, aber zu sagen hatten eigentlich immer noch die zwei Bischöfe. – Das war also eine meiner Aufgaben, daran etwas diplomatisch zu verbessern.

In dieser Periode kam einmal der General-Obere aus Rom, P. Egon Färber aus Rahrbach, zu mir. Beim abendlichen Verschnaufspaziergang zeigte ich ihm ein Schild am Nachbargrundstück: „Zu verkaufen". Ohne Zögern sagte er: „Kauf, Hermann". Das Stück, mit einem niedrigen, langen Gebäude mit Kammern zum Vermieten (Studenten etc.), gehörte zwar einer Hadjah (Mekkapilgerin), aber über den Umweg guter Bekannter, die zuerst kauften und dann an uns weiterverkauften, bekamen wir es. Mit dem bereits vorhandenen Grundstück hatten wir also einen langen Schlauch von 30 x 330 m für die Zukunft. Mittlerweile ist das Stück vollständig bebaut.

In dieser Periode erlebte ich eine zweite starke Abhängigkeit. Die ersten Missionare in Kalimantan konzentrierten sich total auf Ausbreitung, auf Gemeindegründungen, dann Pastoraldienste usw. Über „Selbster-

---

[18] *Der Name, den die Kolonialherren der Niederlande dem heutigen Indonesien gegeben hatten.*

haltung" wurde nicht lange nachgedacht. Priesteramtskandidaten wurden nach Java geschickt, meist sogar von den Bischöfen. Nur dort gab es Studiermöglichkeiten. Und diese jungen Leute standen vollständig unter der Befugnis der javanischen MSF-Provinz, bis zur Priesterweihe. Dann wurden sie der Kalimantan-Provinz übergeben.

In meiner Zeit meldeten sich auch Jungen von anderen Inseln, meist von Flores und Timor, als Kandidaten. Ein Fall: Sosimus von Timor. Ich hatte bei meinen Besuchen im Noviziat mit ihm gesprochen; er machte mir einen positiven Eindruck. Aber dann wurde ihm bescheinigt: ein guter Novize, aber zu dumm für das Priesteramt. Alle meine Proteste nützten nichts. Die javanische Provinz hatte die Befugnis über ihn; er musste gehen. Er sagte mir: „Können Sie mir helfen, damit ich nicht ganz leer zurück nach Timor gehen muss?" Ich habe ihm daher in Yogyakarta ein Studium der englischen Sprache ermöglicht. Für Essen und Trinken sorgte er selbst, indem er Nachhilfestunden gab. Alles andere habe ich bezahlt. Er bestand sein Staatsexamen ohne Schwierigkeit. Auf Timor bewarb er sich zuerst bei einer Privatuniversität, wurde Assistent und wurde später nach Yogyakarta geschickt zum Magisterstudium. Auch da ging alles glatt. Vor kurzem hat er den Doktortitel von einer Universität in Yogyakarta bekommen. Leider ist er nach einigen Monaten an Darmkrebs erkrankt und 2020 nach der Operation gestorben.

Aber diese Erfahrung mit Sosimus habe ich beim nächsten Provinz-Kapitel benutzt, um diese Abhängigkeit zu kappen. Wir haben unter dem lauten Protest der javanischen Provinz beschlossen: „Es kann doch keine zwei Kapitäne auf einem Schiff geben", aber wir haben unseren Mitbrüdern dort gesagt: „Wir würdigen und beherzigen die Wertungen der Oberen der javanischen Provinz, aber unsere Kandidaten stehen voll unter der Befugnis der Kalimantan Provinz." – Das war der Beginn unserer Selbständigkeit als Ordensprovinz.

Provinzialszeit – 2.Periode 1993 - 1996

Wir hatten zwar die Befugnis über unsere eigenen Scholastiker erkämpft, aber es gab eine weitere Reibungsfläche zwischen den beiden indonesischen Provinzen: das Postulat „Berthinianum", genannt nach unserem Gründer Père Jean Berthier MS. Unsere Kandidaten wurden nach unserer Meinung zu schnell „aussortiert". Postulat ist das Jahr vor dem Noviziatsjahr. Die höheren Schulen auf Kalimantan sind schlechter als die auf Java. Daher kamen unsere Jungen bei der Ausbildung schlechter mit, dazu der Stress der neuen Umgebung. Sie hatten Minderwertigkeitskomplexe. Hinzu kam, dass wir selbst die Jungen ja auch nicht näher kannten.

Dann reifte der Plan: wir machen ein eigenes Postulat auf. Ich habe mich mit dem deutschen Provinzial P. Dieter Knoche beraten. Der schrieb mir: „Zu einer gesunden Provinz gehört auch die eigene Ausbildung". Einen Komplex[19] hatten wir schon, das Stück Land mit den Mietwohneinheiten. Wir haben diese verbessern und vervollständigen lassen.

Dem Ganzen ging natürlich ein entsprechender Kapitelsbeschluss voraus. Aber da bekam ich einen bösen Brief vom neuen Generaloberen Wim van der Weiden, Holländer, jahrelang Dozent für Exegese in Yogyakarta. Er hielt das frühere System für besser und schrieb: „Alle bemühen sich um Einheit, und Du spaltest." Eine Postulatsgründung liegt aber in der Befugnis der Provinzen. Ich habe ihm geantwortet und unseren Schritt begründet. Bei seinem Besuch auf Kalimantan habe ich ihn gebeten, Haus und Komplex zu segnen. Was er dann auch ohne weiteres Murren tat. Wir haben unserem Postulat den Vornamen unseres Stifters gegeben: „Seminari Johaninum".

Als Provinzial hat man natürlich auch Verantwortung für das geistliche Leben der Mitbrüder. Durch die enge Bindung an die Bischöfe waren unsere Patres nicht viel mehr als Weltpriester. Schon meine Vorgänger hatten auf Eingaben der Generalleitung hin damit angefangen, dies zu ändern. Ordensleute leben normalerweise in Klöstern, wo es ein geregeltes religiöses Leben gibt oder wenigstens die Möglichkeit dazu

---

[19] *Ein mit Gebäuden bestücktes Stück Land (indonesisch: comples)*

besteht. In Kalimantan ist das nicht möglich. Deshalb greift man zu dem Kunstgriff der „Unionesbildung": Eine Reihe Patres, die nicht zu weit weg voneinander wohnen, bilden eine „virtuelle Klostergemeinschaft", wählen sich einen Rektor, treffen sich in bestimmten Abständen und tun an ein oder zwei Tagen das, was im Kloster geschieht: gemeinsames Gebet, Besprechungen usw. Aber um das gegen das „Altgewohnte" durchzusetzen, braucht es viel Geduld und Energie. Doch bei gemeinsamen Geburtstagsfeiern, da klappt die „klösterliche Gemeinsamkeit" immer prächtig.

Für Neupriester besteht die Pflicht, an theologischen Fortbildungskursen teilzunehmen. Das gab es schon länger, aber einmal so, dann wieder anders, mehr oder weniger freiwillig. Daraufhin habe ich die Initiative ergriffen und zusammen mit einem Dozenten unseres Scholastikates in Yogyakarta ein System aufgebaut, das wir „Quinquenale" genannt haben. Also einen fünfjährigen, immer wiederkehrenden Zyklus, von festen Themen der Theologie. Was doziert wird, ist natürlich nicht meine Domäne und schon gar nicht meine Kompetenz. Wir haben unsere Neupriester dazu verpflichtet und andere dazu eingeladen. Jedes Jahr kamen mehr dazu, jetzt sozusagen alle Weltpriester der inzwischen vier Diözesen von Ost-. Süd- und Mittel-Kalimantan, dazu die meisten Neupriester der anderen Orden.

Provinzialszeit – 3.Periode 1996 - 1999

Normalerweise dauert die Amtszeit eines Provinzials sechs Jahre, zweimal drei. Das Provinzkapitel kann eine dritte Periode anhängen, aber der Gewählte muss in höchstens zwei Wahlgängen mindestens zwei Drittel der Stimmen erhalten. Und weil das ganze Bauvorhaben auf unserem Komplex noch nicht fertig war, hat man mich nochmal ins „Führerhaus" gesetzt, um den Karren am Laufen zu halten. Ich habe das zweite Haus der Provinz im Ost-Teil des uns anvertrauten Missionsgebietes gebaut, in der Bischofsstadt Samarinda – jetzt übrigens Erzbistum. Leider hat der Komplex samt Kirche seit einigen Jahren durch Misswirtschaft der Regierung mit jährlichen Überschwemmungen zu kämpfen. Diese hatte in den Jahren vorher fast alle Hügel rundherum abtragen lassen, um Erde für Aufschüttungen zu gewinnen. Dazu wurde die Straße sehr viel höher aufgeschüttet, ohne genügend Durchlässe usw. Da schwimmen schon mal die Bänke in der Kirche. Das „Biara Sacra Familia" kommt meistens mit einem blauen Auge davon, weil wir die Fundamente höher gelegt hatten.

In Banjarbaru habe ich das Seniorenheim bauen lassen, einen einstöckigen Bau, mit zwei Appartements (Aufenthalts-/ Arbeitszimmer, plus Schlafzimmer, und Badezimmer mit WC) dazu zwei große Wohn-Schlaf-Zimmer. Es ist also für 4 Personen gedacht. Dazu ein ziemlich großes Refektorium, wo die Mehrzahl der Patres und Brüder zusammen speisen kann. Der Pastor mit Kaplan führt eine eigene Küche. Die Leiter und Betreuer des Seminars essen bei ihren Schützlingen. Msgr. Demarteau und ein alter holländischer Missionar mit Parkinson sollten die ersten Bewohner sein. Bischof Demarteau sträubte sich. Er wollte in der alten Pfarrwohnung bleiben, die aber abgerissen werden sollte. Deshalb haben wir gewartet, bis er in Urlaub flog. Dann haben wir all sein Hab und Gut ins neue Haus geschafft. Als er wieder zurückkehrte, blieb ihm nichts Anderes übrig: er musste in die neue Wohnung. Später sagte er: „Ich habe in meinem ganzen Leben noch nie so gut gewohnt"[20].

Wir haben dem Bau den Namen „Wisma-Simeon" gegeben, „Simeons-Heim". Es ist klar: nach dem „greisen Simeon". Der Dayak-Schnitzer Huvat, ein Onkel eines Mitbruders aus Ost-Kalimantan, hat uns eine fast mannshohe Figur aus einem Ulinstamm[21] geschnitzt. Um ihm eine Vorlage für das Antlitz des heiligen Greises zu geben, habe ich das Foto eines Holzschnitts von Walter Habdank über Fotokopie vergrößern lassen. Der Greis mit den großen Spinnen-Händen hält das Jesuskind sehr innig auf dem Arm. Es ist eine sehr gut gelungene Schnitzarbeit. Unten am Fuß steht auf Indonesisch: „Nun entlässt Du Deinen Diener, o Herr…", natürlich auf uns Alte gemünzt, und zwei Tauben als Opfergaben von Maria und Josef. Ich konnte diesem Schnitzer aber noch weitere

---

[20] *„Ja, und das ist nun auch meine Altenwohnung, (schlaue Vorsorge nennt man so was, so tun als ob im Dienst für andere, aber hier sagt man „es lauert ein Krebs hinterm Stein.)" (H.S.)*

[21] *Ulin ist „Eisenholz", ein edles, sehr festes, dauerhaftes und schweres Holz – das einzige, das schwerer ist als Wasser. Es gilt bei den Dayak auch als besonderes Holz für Bauten und Schnitzarbeiten, wird durch die Witterung schwarz.*

Aufträge geben. Er schnitzte u.a. aus einem großen Ulin-Baumstamm mit Aststümpfen einen Tabernakel für die Provinzialats-Kapelle, einen Lebensbaum. Dazu später mehr.

Weil die Pfarrei Banjarbaru durch einen Kontrakt mit dem Bistum der Kongregation der Missionare von der Hl. Familie anvertraut wurde, konnten wir gleichzeitig gegenüber dem Wisma-Simeon auf der anderen Seite des Gang-Musafir das neue Pfarrhaus im gleichen Stil bauen lassen, nach eigenen Plänen und mit dem Geld vom Bistum. Über die Straße dazwischen ist ein Dach gebaut, sodass man auch bei Regen trocken herüberkommt.

Die Sache ist so: P. Egon Färber hatte uns dringend empfohlen, in jedem Bistum auf eine Kontraktpfarrei hin zu arbeiten. Das heißt mit einem Kontrakt festlegen, dass eine Pfarrei eine MSF-Pfarrei ist. Egon weiß von schlechten Erfahrungen in der weiten Weltmission, wo Zwistigkeiten zwischen Bischof und Kongregationen entstanden und der Bischof kurzerhand allen Ordensmissionaren den Stuhl vor die Tür stellte.

Mit dem Bischof von Banjarmasin, dem Nachfolger von Msgr Demarteau MSF, habe ich das gleich zusammen mit Egon Färber klargemacht. Ohne Egon wäre es vielleicht schwierig gewesen. Mit Bischof Coomans in Samarinda ging es leicht. Ja, und 1999 war auch die dritte Periode abgelaufen. Pater Franz Huvang wurde zum neuen Provinzial gewählt, ein Dayak aus Ost-Kalimantan, aus Tering, der ersten Pfarrei, die von der MSF gegründet wurde. Vorher war er mein Vize. Er tat, was die meisten Dayak tun, er pflanzte zuerst Fruchtbäume: Mangga, Sawo, Rambutan, sodass es jetzt rund herum grün ist. Um die Früchte müssen wir uns mit den Tupais streiten, von denen ich vorne schon geschrieben habe.

Meine 9-jährige Provinzialszeit war eine total andere Arbeit und Wirksamkeit als die Jahre vorher. Ab Mitte 1999 habe ich 9 Jahre lang wiederum pastoral in und um Muara Teweh weitermachen können.

Zurück an die Basis – 1999 - 2008

Ende 1999 ging es wieder zurück an die Basis, zum Fußvolk. Der neue Provinzial P. Huvang war sehr großzügig und bot mir an, mir selbst einen Arbeitsplatz auszusuchen. Ich sagte, nur, wenn es geht, nicht auf eine Stelle, wo ich schon einmal war; dass wäre am Barito-Fluss wohl die Pfarrei Muara Teweh. Zufällig sollte dort auch gewechselt werden.

P. Huvang überließ mir den alten Jeep des Provinzialates, und ich fuhr in meine neue Pfarrei. In meiner Lehrzeit 1964/Anfang 1965 war ich zwar neun Monate dort, aber eben nur um zu lernen. P. Zoetebier sagte damals nach dieser Zeit: „Du bist ausgetragen (nach 9 Monaten), also raus!" Das war meine Sendung nach Buntok, natürlich auch mit einem rechtmäßigen Stellungsbefehl vom Bischof.

Ich wurde also Hauptpastor in Muara Teweh. Ein Neupriester, ein Weltpriester, wurde mein Kaplan. Wie die früheren Pfarreien war auch dieses Pfarrgebiet sehr weit auseinandergezogen, ein großes Stück am Barito-Fluss, plus zwei Nebenflüsse. Noch dazu eine inzwischen gebaute Landstraße mit vielen neuen kleinen Dörfern. Jetzt ist das Gebiet in drei Pfarreien aufgeteilt.

Also normaler Pfarrdienst, abwechselnd mit dem Kaplan am Pfarrort, und dann Tournee. Es gab nicht mehr so viele Erwachsenentaufen, wie früher in den ersten Jahren. Aber vieles musste nach meiner Meinung anders oder besser organisiert werden. Jeder neue Besen kehrt ja bekanntlich gut. Eine besondere Herausforderung war eine große Ölpalmenplantage, d.h. nicht die Plantage, sondern die ziemlich große Gemeinde, alles sogenannte „Transmigranten"[22] aus Flores, mit vielen Spannungen untereinander, weil sie aus verschiedenen Ethnien und Kulturen stammten. Dazu das patriarchalische System in den Familien.

---

[22] *1969 wurde unter der Regierung Soeharto ein Um- und Neusiedlungsprojekt gestartet (transmigrasi). Durch gezielte Umsiedlungen von Familien von den dicht besiedelten Inseln wie Java auf die Außeninseln – also auch Kalimantan – sollte der Bevölkerungsdruck der dicht besiedelten Inseln verringert und die Wirtschaft der Außeninseln gefördert werden. Das Programm bleibt nicht unumstritten, wenn z.B. streng muslimische Familien in eine z.T. archaische Gesellschaft der Dayak kommen, wenn von der fruchtbaren Insel Java Menschen auf dem Sandboden (auch des Urwalds) Landwirtschaft betreiben sollen.*

Ich habe einmal bei einer Predigt gesagt: „Wagt es ja nicht zur Kommunion zu gehen, wenn ihr vorher mit dieser Hand eure Frau geschlagen habt!" Ob es genutzt hat, weiß ich nicht. Nun, die weitaus meisten waren sehr gute Menschen, wie überall.

Die hölzerne Kirche auf der Plantage dort war mehr ein Schuppen, und ich konnte ihnen eine neue „richtige Kirche" bauen, nach meinen eigenen Vorstellungen, etwas anders als andere. Es ist schön, wenn man seinen Fantasien freien Lauf lassen kann. Jetzt ist dieses Plantagengebiet eine eigene Pfarrei.

Es gab auch eine große Dayak-Gemeinde, wo das kirchliche Leben fast zum Erliegen gekommen war. Das wieder hoch zu bringen ist schwieriger als eine neue Gemeinde zu gründen. Mit Gottes Hilfe ist es gelungen: ich habe den Gemeindeältesten gewechselt, den Religionslehrer auf seine „eigentliche Aufgabe" verpflichtet, und auch diese Gemeinde ist jetzt wieder wirklich „Gemeinde".

P. Hermann Stahlhacke – Zelebration im Provinzialat

In dieser Amtszeit habe ich u.a. auch mit der Credit-Union angefangen, „CU-SDM = Kraftquell um auf eigenen Füssen zu stehen", so habe ich sie genannt. Das läuft jetzt selbst weiter; sie haben sich ein großes Gebäude gebaut.

Was habe ich sonst noch für Heldentaten vollbracht? Eine Reihe kleinerer Kapellen, einen kleinen Wallfahrtsort mitten im Wald, getauft, Trauungen gehalten, gepredigt, also pfarreiliche Standardarbeit. Ach so: wie gewohnt habe ich die zwei Asramas, die der vorige Pfarrer geschlossen hatte, weil es ihm zu viel Arbeit machte, wieder geöffnet, geändert und zum Teil neu gebaut.

Aber der ganz große Clou war dann die neue große Kirche: Die alte Kirche plus Pfarrhaus wurden abgerissen, und der ganze Hügel nun für den Kirchbau bestimmt. Ich habe sie selbst entworfen, ein großes Oval, dem Hügel entsprechend. Es gab natürlich auch Gegenwind von sogenannten Honoratioren, die vorher schon einen sehr traditionalen Plan gebastelt hatten, aber auch schon „Absprachen" mit einem Bauunternehmer getroffen hatten. Es muss ja etwas dabei herausspringen, wenn man sich „so einsetzt".

Die von P. Hermann Stahlhacke entworfene und errichtete Kirche
St. Maria De La Salette in Muara Teweh

Der Bau steht, er wurde genau zu meiner Pensionierung fertig. Ich durfte noch über diesen Zeitpunkt hinaus den Turm dazu setzten.

Auch hier Nashornvogel und Kreuz vereint bei der Kirche
St. Maria De La Salette in Muara Teweh

Mit 75 bin ich aus dem offiziellem Pfarrdienst ausgeschieden, aber konnte noch viele Dinge intensiv weitermachen, wie z.B. den „Kampf", – mehr oder weniger vergeblich – gegen die ungebremste Ausweitung des Ölpalmenanbaus und der vielen Kohle-Minen.

Ich ging also zurück zu meiner „ersten Liebe", der Pfarrei Ampah. Zufällig war der Leiter des Landwirtschaft-Projektes dort, Pater Linga MSF, erkrankt, und ich übernahm die Leitung, zusammen mit dem jungen Weltpriester Wantung. Er stammte aus Ampah, aus einer Familie, die ich vor Jahren dorthin „verpflanzt" hatte, also einer meiner Täuflinge. Wir beide haben versucht, die Leute zu überzeugen, damit sie nicht ihre Kautschuk-Gärten an die Ölpalmenplantagen und Kohleminen Besitzer veräußern, sondern ihren Besitz für Kind und Kindeskinder bewahren und gleichzeitig damit einen großen Dienst für die Umwelt leisten. P. Wantung war sehr redegewandt und mit vollem Elan bei dieser Aufgabe. Mit Hilfe von Misereor konnten wir zweimal eine große Gruppe Menschen auf unserm Komplex versammeln um Umweltbewusstsein zu wecken. Aber wie oben gesagt: „Mehr oder weniger vergeblich." Geld bestimmt (eben auch) den Lauf der Welt.

Es kamen also wieder andere Aufgaben und Möglichkeiten in den nächsten 9 Jahren, meinen üblichen Zeit-Rhythmen, auf mich zu. Nur nicht zu früh aufhören. Wer rastet, rostet.

Unser Provinzial war unterdessen gewechselt worden, und ich konnte einen weiteren Traum vorbringen: wir als MSF-Provinz müssten ein Haus für unsere speziellen Apostolate besitzen: Familienseelsorge und Ähnliches. Nach „Anfangswehen" wurde mir am Schluss der Bau übertragen. Auf einem ungefähr einen Hektar großen Grundstück in Urup, einem Ortsteil von Ampah, stehen nun eine große Aula, vier Wohneinheiten, mit je fünf Doppelzimmern, zwei kleine Säle für die Jugend, ein Musikstudio und das Kloster „Biara Sacra Familia".

Weihbischof Matthias König und P. Hermann Stahlhacke,
Februar 2015

Bevor wir mit dem Bau unseres „Apostolats-Zentrum" in Ampah-Urup anfangen konnten, habe ich natürlich als Mann für „Fund-Rising" unserer Provinz die „bettelnde Hand" in alle möglichen Richtungen ausgestreckt, unter anderem in Richtung meiner Heimat-Erzdiözese Paderborn. Es kam eine leise positive Antwort, und auch gleich ein konkreter Beweis, nämlich: der Besuch des Missionsreferenten des Erzbistums Paderborn, Herrn Ulrich Klauke. Auf einer Reise zu seinen Schutzbefohlenen, den Mitgliedern der „Missionare auf Zeit" (MAZ)[23] in Nias-Sumatra, wollte er auch mich in Ampah besuchen. Ich holte also Herrn Klauke am Flughafen von Banjarmasin ab und fuhr mit ihm nach Ampah, wo er allerdings im Jahr 2010 nur das leere Baugrundstück begutachten konnte. Wir hatten ausgemacht, dass er auch unseren Provinzial Pater Teddy Aer und unter Umständen auch den Bischof von Palangka Raya treffen sollte. Wir beide fuhren also die ca. 230 km los in Richtung Palangka Raya. Die Brücke über den breiten Barito-Strom war noch nicht fertig, und wir mussten sehr lange an der Flussfähre anstehen. Ich hatte kurz vorher einen gut aufgeputzten „neuen Second-Hand Daihatsu-Jeep" bekommen. Die Straße war nur halb befestigt und sehr holperig. Und dann passierte es: ohne ein besonderes Hindernis brach auf freier Strecke das rechte Vorderrad ab, und wir wären fast in den tiefen Graben gestürzt. Wir bugsierten den Wagen so gut es ging an den Wegrand. Und dann...? ...warten...warten. Kein Dorf weit und breit, schütterer Urwald links und rechts der Straße, kein Signal auf dem Handy. Einige Autos fuhren vorbei, bis endlich ein freundlicher Pastor der Pfingstler-Kirche anhielt. Er konnte natürlich auch nicht helfen, aber ich gab ihm die Handy-Nummer meines Mitbruders Pastor Wantung, dem ich am meisten zutraute, eine Lösung für unsere prekäre Lage zu finden. Ich bat den hilfsbereiten Mann, er solle bitte, wenn er in eine Zone mit Handy-Signal komme, Pastor Wantung unsere schwierige Situation schildern.

Er fuhr mit seiner Familie weiter. Und wir? Wieder warten...warten. Es war schon 3 Uhr nachmittags. Dann kamen zwei Pickups mit einigen

---

[23] *MAZ, eine Einrichtung der Erzdiözese Paderborn: Junge Menschen, die nach dem Abitur ein Jahr ihres Lebens dem missionarischen Dienst der Kirche widmen; z. B. in Nias in einem Heim für behinderte Kinder der Salzkottener Franziskanerinnen (H.S.)*

jungen Männern vorbei. Sie fuhren ein Stück weiter, kamen aber dann rückwärts zurück. Sie waren erleichtert, als einer der beiden weißen Fremdlinge Indonesisch sprach. Die jungen Männer waren auf dem Heimweg von ihrer Arbeit bei einer der großen Holzgesellschaften, hatten Werkzeugkisten dabei und packten gleich fachmännisch an. Bis zum Dunkelwerden arbeiteten sie. Ja, ein Bolzen an der Radaufhängung war abgebrochen. Das Getriebe brummte auch beängstigend, als ich weiterfahren wollte. Also zogen sie uns bis zu einer Raststätte mit einigen „Warongs"[24]. Als Dank spendierte ich ihnen dort eine Abendmahlzeit.

Und wie sollte es nun weitergehen? Ich fragte die Besitzer der Warongs: gibt es hier kein Handysignal? Doch, sagten sie, auf der anderen Straßenseite, einige Meter hinter dem Graben. Ja, dort kam eine SMS von P. Wantung herein: „Warte, Pater Siswo kommt mit seinem Jeep". Nach einiger Zeit kam er und hinter ihm sein Küster mit dem Motorrad. Wir zogen unser lädiertes Auto in eine bessere Parkposition, baten den Besitzer des Warongs, gut auf ihn auf zu passen und gaben ihm etwas Geld dafür. Ja, ungefähr so, wie der barmherzige Samariter es machte mit dem „unter die Räuber Gefallenen". P. Siswo fuhr zusammen mit seinem Küster auf dem Motorrad zurück in seine Pfarrei, und wir beide, Herr Klauke und ich, mit dem Auto von P. Siswo weiter nach Palangka Raya, wo wir kurz vor Mitternacht ankamen. Wir trafen noch Provinzial P. Teddy, am nächsten Tag den Generalvikar, weil der Bischof nicht zu Hause war und fuhren am darauf folgenden Tag „auf einem anderen Wege" zurück nach Banjarbaru. Ja, Herr Klauke hatte nun etwas von der Kalimantan-Mission mitbekommen.

Vom Erzbistum Paderborn bekamen wir großzügige Unterstützung, zwei Wohneinheiten, das Musikstudio, eine Marien-Kapelle plus Spielfelder für Badminton und Volleyball. Bei einem Besuch des Weihbischofs für die Weltmission Matthias König zusammen mit dem Missionsreferenten des Erzbistums Paderborn Herrn Ulrich Klauke und einer Gruppe aus Paderborn, konnten wir ihn bitten, das Marien-Kapellchen und das Kloster Sacra Familia zu segnen.

---

[24] *Das sind Stände, an denen man etwas zu essen oder zu trinken kaufen kann.*

Es wurde eine prächtige Feier mit Dayak-Liedern und Tänzen, die von unserm Musikfachmann Pater Garinsingan MSF einstudiert wurden. P. Garinsingan war als kleiner Junge bei einer der Familien, denen ich zu einem Bauplatz in Taminag Layang verholfen hatte.

Inkulturation – ein eigenes Kapitel

Ich habe noch einen Punkt aus meiner ersten Zeit in Ampah, der eigentlich schon früher genannt werden musste. Das war eine Zeit, wo ich viele meiner Ideen verwirklichen konnte. Unter anderem bezüglich der „Inkulturation". Natürlich mehr „Inkulturation von Äußerlichkeiten", Folklore vielleicht. Aber auch das ist ja Teil einer Kultur. An die Theologie wage ich mich nicht heran, ist auch nicht meine eigentliche Domäne.

Es fing damit an, dass ich den Frauen in der kleinen Kapelle zuschaute, wie sie diese fürs Weihnachtfest schmückten. Wie üblich hingen sie bunte Papier-Girlanden und Ähnliches auf. Ich sagte ihnen: „Ich habe bei Schamanen-Zeremonien gesehen, dass dort mit frischen, noch gelben Palmenblättern schön geschmückt wurde." „Das können wir auch", sagten sie. Von da an wurde in Ampah nur noch so geschmückt, sehr viel mehr Arbeit, aber sehr viel schöner. Und eben: kulturgemäß. Dann habe ich die Leute aufgefordert, Tanz und Gesang nach ihrer früheren Art in die Liturgie einzubinden. Kajur, eine Frau der Gemeinde war dafür sehr begabt. Sie dichtete ein Lied in der Ma'anyan-Dayak Sprache, „Amirueh Yesus", etwa die „Seele / Spirit Jesus in der Eucharistie".

Und drei Frauen tanzten dabei um die Opfergaben, die ich in die Mitte gestellt hatte. Sie selbst sang immer einen Vers vor, und die beiden anderen Frauen fielen mit einer Art Kehrvers, der Umkehr des Textes, ein.

Sie hatten dabei die Kleidung einer Schamanin: Sarong, schulterfrei, um die Hüfte ein gelbes Tuch geschlungen, im Gegensatz zu den Schamaninnen, die ein rotes Tuch benutzen; die Schamaninnen haben dazu eine Halskette aus Zähnen von Wildschweinen, Affen, Hunden und

Baum-Panthern und meine Tänzerinnen hängten sich einen Rosen-
kranz um. Mit den Händen schwangen sie die roten Blätter einer
Pflanze, die vor jedem Haus stehen muss. Diese Blätter sind bei allen
Zeremonien dabei. Übrigens gibt es die Pflanze als Zierpflanze auch bei
Euch, meine ich. Ein sehr würdevoller Tanz.

Tanz der Dayak-Frauen beim Einzug zum Gottesdienst
in die Kirche

Ein anderes Mal ging es um Inkulturation bei der Karfreitagsliturgie.
Eine ehemalige Schamanin für „Todesangelegenheiten" habe ich gebeten, den Trauergesang zu singen. Ich habe mit ihr ein Buch mit Bildern
vom Kreuzweg durchgeblättert, und sie gebeten, sie solle darüber weh-
klagen. Wir legten ein großes Kreuz in die Mitte der Kapelle, sie setzte
sich auf der einen Seite daneben auf den Boden, und ich auf der anderen; und dann sang sie, klagte sie in langem, kunstvoll verschnörkeltem
Singsang in der speziellen Sprache der Schamanen. Ich konnte nur einige Brocken aufschnappen, wie „die 15 cm langen Nägel, das zwei Zent-

ner schwere Kreuz". Alle älteren Frauen weinten mit; eine wirklich an-
rührende Totenfeier. Währenddessen streute die Gemeinde Blumen auf
das Kreuz.

Aber wie es immer wieder geschieht, mein Nachfolger in Ampah, ein
polnischer Mitbruder, hatte für so einen „heidnischen Schnickschnack"
nichts übrig, und die Leute hatten noch nicht genügend Selbstbewusstsein, um es einzufordern. Schade. Vielleicht kommt es wieder hoch.
Hoffentlich.

Bei meiner missionarischen Arbeit im Gebiet von Pangkalan Bun
(1981-1989) habe ich natürlich weitergemacht mit dem Suchen nach
„Inkulturation", aber dort mehr über die „Gebiets-Katechisten". Wir haben immer wieder zusammen überlegt.

Die Katechisten hatten festgestellt, dass viele Katholiken in Ihrem
Gebiet immer noch Zeremonien vollführten aus ihrer Zeit, als sie noch
„Kaharingan", also Angehörige der alten, archaischen Religion waren
z.B., wenn sie ihr Feld für Reisanbau bestellten. Die Dayak fangen nicht
einfach an und fällen die Bäume, die dann, wenn sie trocken sind, verbrannt werden, damit die Asche dann der Dünger ist, sondern sie machen eine Zeremonie: Der Geist dieses Stücks Land wird um Erlaubnis
gebeten, hier ein Feld zu bestellen; sie opfern etwas, meist Eier, die dann
in einen oben aufgespalteten Bambus-Stab gesteckt werden; und in einer Kokosnuss-Schale wird eine Art Weihrauch verbrannt.

Diese Zeremonie haben wir versucht zu „verchristlichen": die Leute
banden ein Kreuz aus Baumstämmchen zusammen und pflanzten es in
die Mitte des zu bestellenden Feldes; sie sprengten Weihwasser und be-
teten. Wir haben dabei entsprechende Gebete formuliert und den Leuten angeboten. Viele Gemeinden haben da mitgemacht. – In einem Gebiet, wo man schöne Musik mit Bambusstäben machte, habe ich sie gebeten, ein spezielles Stück bei der Austeilung der Kommunion zu spielen, was sie normalerweise als Dank für eine gute Früchteernte spielten.
Alles kleine Versuche. Hoffentlich ist einiges hängen geblieben, und hat
sich weiterentwickelt.

Umbau eines traditionellen Langhauses der Dayak zur Kirche (noch im Rohbau) am Oberlauf des Bulik durch P. Stahlhacke (1988)

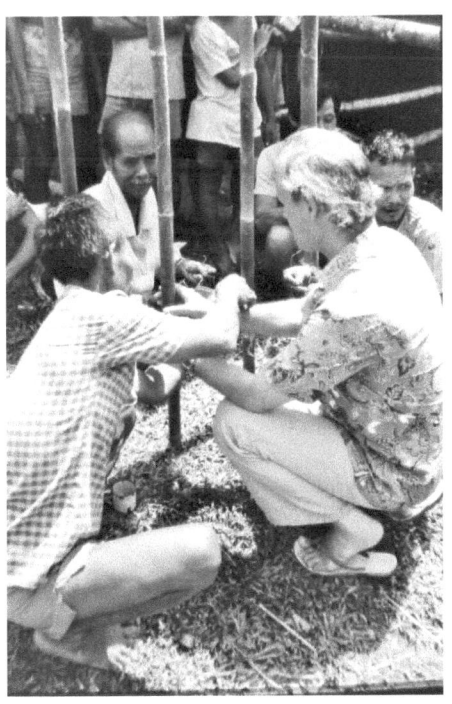

"So, Pastor, jetzt müssen Sie dafür beten." P. Stahlhacke bei der Kaharingan-Zeremonie in Merambang

Ein neues Kapitel der Inkulturation
– der Lebensbaum-Tabernakel

Der geschnitzte Tabernakel im
Provinzialat - Gesamtansicht

Ich habe weiter oben von dem Dayak-Schnitzer Huvat berichtet, der uns die Figur des greisen Simeon für das „Wisma-Simeon", das „Simeons-Heim" geschnitzt hat. Ich konnte diesem Schnitzer aber noch weitere Aufträge geben. Er schnitzte aus einem großen Ulin-Baumstamm mit Aststümpfen einen Tabernakel für die Provinzialats-Kapelle, einen Lebensbaum. Den eigentlichen kleinen Tabernakel, eine Messingdose mit dem Christogramm IHS, den drei ersten griechischen Buchstaben des Namens Jesus, und einem Strahlenkranz, „Christus, die wahre Sonne" hatte ich in einer Devotionalien-Handlung in Yogyakarta entdeckt.

Der Baum, vom Boden bis zur Decke: „Christus, Vermittler zwischen Himmel und Erde." Im unteren Teil Symbole aus der Geheimen Offenbarung 4, 1 – 11, der Lebensbaum nach 2,7 mit Blättern und Früchten. Als ich dem Schnitzer sagte, er solle Früchte am Baum schnitzen, meinte er: „Aber nur süße!"

78

Detail:
Durianfrüchte

Detail:
Tabernakel

Und er schnitzte mit großer Sorgfalt besonders die wunderbar schmeckenden Durianfrüchte, die Ihr Europäer schändlicherweise „Stinkfrüchte" nennt, weil Ihr keine Ahnung habt.

Einige Wochen blieb der Künstler in Banjarbaru. In der Mitte des Seminars Johaninum schnitzte er uns eine ca. 6 Meter hohe Stehle, aus einem harten Nangka-Holz-Stamm. Wir nennen sie „Tugu Kerasulan", Apostolats-Säule. Sie zeigt ein Stück Geschichte der Kongregation und Symbole für unsere besonderen Apostolate: Missions-, Berufs- und Familien-Apostolat.

"Tugu Kerasulan", Apostolats-Säule im Seminar Johaninum

Ich habe dem Schnitzer nur kurze Hinweise gegeben, alles andere solle er nach seiner Dayak-Art darstellen. Ganz am Grund das Schriftwort: „Die Ernte ist groß, aber der Arbeiter sind wenige," das Wort, das Pater Jean Berthier MS drängte, unsere Kongregation zu stiften. Darüber die Erscheinungsstätte „Santa Maria La Salette", wo in ihm sein Plan reifte.

P. Jean Berthier war Missionar von La Salette und er blieb es bis zu seinem Tod. Er war Wallfahrts-Prediger auf dem Berg, wo 1846 die Heilige Jungfrau zwei Hirtenkindern erschien mit der Botschaft zu Buße und Rekonziliation. Als Volksmissionar reiste Pater Jean Berthier MS durch viele Diözesen in Frankreich. Er schrieb eine sehr große Zahl Erbauungsbücher. Seine Grabstätte ist auch auf diesem fast 2000 Meter hohen heiligen Berg.

Das nächste Bildnis ist die alte Kaserne in der Stadt Grave, in Holland, wo er nahe der Grenze zu Deutschland 1895 die Kongregation gründete. Er berief junge Männer, sogenannte Spätberufene, die bis dahin nicht im Ausbildungsplan der katholischen Kirche für Priesteranwärter vorgesehen waren. Pater Jean Berthier wollte alle Reserven für Missionars-Kandidaten ausschöpfen. Er suchte sie in allen Ländern, zu Beginn besonders aus Holland und Deutschland, auch aus der Schweiz und Frankreich.

Die weiteren Bildnisse der Stehle sind Symbole der drei besonderen Aufgaben der Kongregation: Mission, Apostolat der Berufe und Familienseelsorge. Für die Sendung in die Missionen ist ein Dampfer geschnitzt, dann die erste Missionsstation auf Borneo, 1926, ein Dayak-Haus in Laham, auf hohen Pfählen, unter dem Haus Wasserbüffel und andere Haustiere. Es geht weiter mit einem Schnitzwerk für das Apostolat der Berufe, 1996, das „Seminari Johaninum".

Detail der Säule mit Darstellung der Ankunft der Missionare der Heiligen Familie 1926

Als ein Symbol für das Familien-Apostolat habe ich mir ein Unikum ausgedacht: bei der Dayak-Bevölkerung ist der Nashorn-Vogel (Billbird) ein sehr geschätzter Vogel, der geschnitzt an vielen Häusern dargestellt wird.[25] Der Nashorn-Vogel lebt monogam, das Paar fliegt immer zusammen, sie suchen sich ihr Nest in der Höhlung eines hohen Baumstamms. Während das weibliche Tier brütet, mauert das Männchen sie

mit Lehmklumpen ein, so dass nur noch der Kopf zu sehen ist. Und das Männchen versorgt sie mit Futter, bis die Jungen geschlüpft sind. Diese Sorgfalt des Nashornvogels – dachte ich mir – könnte ein gutes Symbol für unsern Auftrag des Familien-Apostolates sein. Der Baumstamm war zufällig oben so geformt, dass der Schnitzer das brütende Nashornweibchen darstellen konnte, auf ihren Rücken platzierte er zwei Jungtiere, in den großen seltsam geformten Schnabel hängte er eine Schlange, die das Männchen als Futter gebracht hatte. Und weil der Nangka-Stamm zufällig so geformt war, setzte der Künstler einen Jungen auf den Schwanz des Vogels, als ob er ihn fangen wollte.

Das habe ich so gedeutet: ein Seminarist versucht den Spirit des Stifters der Kongregation zu „fangen", sich zu eigen zu machen. (Vielleicht etwas weit hergeholt.).

---

[25] *Siehe Hinweis zu Nashornvogel im Kapitel zu Pangkalan Bun*

Und das Dach über der Stehle „ist" der männliche Nashornvogel: am vorderen Giebel ist der abstrakt geschnitzte Kopf, am hinteren Ende der Schwanz. Das Dach sind die Flügel, die schützend über dem Weibchen ausgebreitet sind. Ja, und zwischen allen Bildern sind typische Dayak-Ornamente geschnitzt. – Hoffentlich lesen die Seminaristen fleißig in diesem „Animations-Buch."

Die Geschichte von Hermanita

Eine Geschichte will ich Euch nicht vorenthalten, eine Geschichte, die ein starker Teil meines Lebens geworden ist, die Geschichte von Hermanita. Schließlich habt Ihr mit Euren Spenden dazu beigetragen, dass ich auch diesen Härtefall etwas lindern konnte.

Diese Geschichte begann im Jahre 2001, in meiner Zeit als Pastor in Muara Teweh. Zu dieser Pfarrei gehörte eine Station, die man einfach PIR-Butong genannt hat. PIR ist eine Abkürzung von Mittelpunkt (oder ähnlich) einer großen Plantage, in diesem Fall einer Ölpalmenplantage. Dorthin wurden von der Regierung eine große Anzahl Familien und Einzelpersonen von Flores transmigriert.

Ich fange mit der Erzählung an, als ich Hermanita zum ersten Mal „getroffen" habe, und zwar „im Mutterleibe im 4. Monat": Eines Tages schleppten zwei Asramajungen eine junge Frau die hohe Treppe zur Pastorat herauf. Eine Frau kam hinterher und erklärte: „Pastor, Angela (der Name der Schwangeren) kann nicht in PIR-Butong bleiben. Sie ist von der Schwiegermutter aus dem Haus geprügelt worden." Neben der alten Kirche stand ein Haus für Angestellte; dort wohnte meine Hausangestellte mit ihrem Sohn. Ein Zimmer war noch leer. Angela wurde dort untergebracht. Sie war schon beim Arzt gewesen, der gesagt hatte: das Kind lebt noch.

Von da an lag die ganze Angelegenheit in meiner Hand, Arzt- und Hebammen-Besuche usw. Meine Hausangestellte übernahm die Pflege.

Kurz erklärt, wie es zu dem dramatischen Zwischenfall kam. Angela hatte bereits ein Kind, das nur bei der Oma, ihrer Schwiegermutter, war. Die Schwiegermutter war Witwe und hatte ihrer Schwiegertochter

verboten, ein zweites Kind zu bekommen. Aber es kam. Die Schwiegermutter unternahm alle möglichen Versuche, das Kind abzutreiben; weil es mit Mittelchen nicht gelang, versuchte sie es mit brachialer Gewalt, mit Schlägen und Tritten. Und dann kam der Herauswurf. Nach Angela war das Verhältnis zu ihrem Mann gut, ein oder zwei Mal besuchte er sie noch beim Nachbarn, dann durfte er nicht mehr. Sie waren nur nach Adat[26] verheiratet, weil die Mutter des Mannes keine rechtmäßige,

---

[26] *Adat ist das ungeschriebene Recht, das auf Gewohnheit oder auf Regeln der archaischen Religion beruht. Es existiert häufig neben den religiösen Gewohnheiten und Rechtsnormen und neben dem kodifizierten staatlichen Recht. Als Paralellstruktur nimmt das Adat-Recht Einfluss auf alle Bereiche des alltäglichen und zeremoniellen Lebens. Auch die Ahnenverehrung, Kleidungsvorschriften und Entscheidungsstrukturen können über die Adat geregelt werden. Eine Adatzusammenkunft kann auch als Ältestenrat bezeichnet werden. Wo die Adat wirksam ist, sind diese Regelungen gesellschaftlich bindender als staatliche oder religiöse. Häufig auch matrilinear durchgeführt.*

kirchliche Trauung wollte. Dann brachte die Nachbarin die junge Mutter zu mir. Bis zum neunten Monat erholte sich Angela gut. – Dann eines frühmorgens um drei Uhr klopfte meine Hausangestellte an die Holzwand meines Zimmers: „Pastor, Pastor, Angela will gebären!" – „Geht in Ordnung", sagte ich. Über dem Telefon war groß die Telefonnummer der Hebamme geschrieben. Als ich anrief, war eine Männerstimme zu hören: „Meine Frau ist nicht hier; sie ist in Palangka Raya (Provinz-Hauptstadt)". Nun wurde es kritisch und ich – wie sagt man in Drolshagen – kribbelig. Ich stieg schnell in mein Auto und raste durch Muara Teweh: „Wo ist ein Schild mit dem Wort Bidan / Hebamme?" Ich habe eines gefunden und angeklopft: „Bei der katholischen Kirche will eine Frau ein Kind gebären." – Die Hebamme kam mit ihrem Motorrad hinter mir her, untersuchte Angela und sagte: „Das dauert noch 2 bis 3 Stunden." - Was die Situation schwierig machte, war, dass am selben Frühmorgen der Bischof von Palangka Raya zum ersten Mal nach Muara Teweh kommen sollte, mit dem Flugzeug. Die Hebamme kam mit Assistentin, die Hausangestellte bereitete alles vor, und ich? Hin und her gerissen. „Wer kommt zuerst an, der Bischof oder das Kind?" – Nun, es war das Kind und ich konnte beruhigt den Bischof abholen.

Kurze Zeit später fragte die Hebamme nach dem Namen für das Kind, dem des Vaters usw. Beim Namen sagte die junge Mutter: „So, wie der Pastor das möchte." Ich schlug vor: weil heute der Bischof gekommen ist, der Aloysius heißt: Gib dem Kind den Namen Aloysia. „Einverstanden." Dann fügte die Hebamme hinzu: „Dann muss der Name vom Pastor auch dabei", und sie wollte schon „Stahlhacke" schreiben. „Nur nicht", habe ich gesagt (Und gedacht: das könnte Gerüchte provozieren). Schnell überlegt: Hermann? Hermann? „Ja, Hermanita."

Ja, so ist mein Name verewigt. Sie wird kurz „Nita" genannt.

Etwas später kam der Onkel von Angela aus Flores, und versuchte die Sache über die Polizei zu regeln; diese schoben die Sache immer wieder auf, dann kamen endlich beide Parteien zu mir auf die Pastorat[27]:

---

[27] *In südsauerländischen Dialekten, also auch in Drolshagen, wird „Pastorat" mit femininem Artikel verbunden, also „die" statt „das" Pastorat. Auch nach 6 Jahrzehnten indonesischen Sprechens kommt der Drolshagener Dialekt noch durch.*

eine große Gruppe der Sippe vom Mann auf der einen Seite, auf der anderen Seite Angela, der Onkel und ich. An eine Versöhnung war nicht zu denken. Dann stellte Angela die Forderung: „Mein erstes Kind kommt zurück zu mir. Und Geld für die Schiffsfahrt nach Flores." – Der Mann erwiderte: „Den Jungen kannst Du haben. Geld bekommst du keines." Ich habe Angela zugeflüstert: „Nimm an." Denn das Schiffsticket war billig. – Den Jungen, ungefähr zwei Jahre alt, von der Oma los zu bringen, war nicht einfach. Ich musste selbst mit. Etwas später ist dann Angela mit den zwei kleinen Kindern und dem Onkel mit dem Schiff zurückgefahren nach Flores.

Selbstredend fühlte ich mich für Hermanita, den Jungen Lino und deren Mutter Angela verantwortlich (nach Antoine de Saint-Exupéry, in seinem Buch „Der kleine Prinz.": „Du bist Zeit deines Lebens für das verantwortlich, was Du Dir vertraut gemacht hast. Du bist für Deine Rose verantwortlich."). Zuerst habe ich Geld für eine Kuh geschickt. Die haben sie später verkauft, um eine Küche an ihre Hütte zu bauen usw. und so fort. Als Hermanita 6 Jahre alt war, telefonierte die Mama: „Nita fragt immer nach dem Kakek (Opa); sie will den Kakek sehen." Ich habe mir gedacht, es ist doch gleich, ob ich nun immer wieder Geld nach Flores schicke oder sie hier auf Kalimantan versorge. Ich war da schon pensioniert und in Ampah tätig. Zufällig war die Haushälterin von Muara Teweh auch zurück zu ihren Eltern nahe Ampah. Ich habe eine zweite Badkammer beim Häuschen dieser Frau bauen lassen; die beiden Frauen hatten sich schätzen gelernt, und ich habe mir gedacht, sie könnten zusammen in deren Gummigarten arbeiten. Aber das Kautschukzapfen liegt den Leuten aus Flores nicht so wie den Dayak.

Es wird zu lang; nach einigem Hin und Her wurde Angela Angestellte auf dem Landwirtschaftsprojekt in Ampah, das ich übernehmen musste. Kurz gesagt: der Opa mit der kleinen Hermanita, die inzwischen auf die Volksschule ging, wurden immer mehr „vertraut", beim Fernsehen saß sie auf dem Schoss vom „Opa"; – wenn die Mama schimpfte, lief sie weinend zum „Opa" usw. und so fort.

Hermanita hatte ein gutes Verhältnis zu ihren Spielgefährten und für alle wurde ich von da an der „Kakek", bis heute. – 6 Jahre Volksschule und noch 2 Jahre von der dreijährigen Mittelschule, dann wollte Angela mit Kind zurück nach Flores, weil der Junge dort bei der Oma auch eine Mama brauchte. Ich habe versucht, ihnen dort eine Existenz aufzubauen, eine Schweinezucht: die Ställe waren gebaut, die ersten Mutterschweine waren gekauft, dann kam die Schweinepest und die Familie stand wiederum vor dem Nichts. Hermanita rief mich weinend an: „Kakek, die Mama will sich nach Papua verdingen, um Geld zu verdienen." Ich sagte: „Das kommt nicht in Frage. Mama kehrt zurück nach Ampah und wird auf dem neugebauten MSF-Komplex angestellt." Dort ist sie bis zu meinem endgültigen Umzug auf das Altenteil, das „Wisma Simeon" in Banjarbaru, geblieben. Sie schickte immer 80% ihres kleinen Lohnes nach Hause.

Hermanita und Lino gingen inzwischen auf eine Realschule in der Stadt Ende auf Flores und haben inzwischen bestanden, Lino mit dem Schwerpunkt auf Motortechnik, und Hermanita in Touristik. Aber beide haben noch keine Anstellung. Alle Schul- und Asramakosten hat natürlich der Kakek mit Hilfe von Euch und anderen guten Leuten in Deutschland aufgebracht.

Und wie das Leben dort weiter gehen soll...? Das muss natürlich überlegt werden. „Du hast Verantwortung für deine Rose," schreibt Exupéry. - Angela mit ihren Kindern möchten einen kleinen Kiosk bauen, um mit dem Verkauf von Lebensmitteln usw. ein kleines Einkommen zu haben. Sie haben nur ein kleines Stück Reisfeld, und einige wenige Mete-Nuss-Bäume. (Mete die krummen Nüsse, die man mit Erdnüssen gebraten auch in Deutschland isst.[28]) Vorgestern telefonierte Hermanita: „Kakek, ich will Dich sehen, ich will nach Banjarbaru kommen. I love you." Hoffentlich klappt's. - Ja, so ist das mit der Geschichte von der jetzt bereits 19-jährigen „Enkelin" Hermanita auf Flores. Aber inzwischen hat sich eine andere Möglichkeit aufgetan: Hermanita wird wieder nach Kalimantan kommen, um auf der Universität von Palangka Raya Englisch zu studieren. Sie wohnt dann bei Arin, meiner anderen „Ziehtochter", die ihr Magisterstudium ja mit „cum laude" beendet hat.

---

[28] Cashew Kerne

Die Geschichte von Arin

Nun noch schnell eine Fortsetzung zu der Geschichte von „Hermanita". Also wieder eine Geschichte, von der Antoine de Saint-Exupéry schreibt: „Du bist immer für das verantwortlich, was Du Dir vertraut gemacht hast. Du bist für Deine Rose verantwortlich."

Diese Rose heißt mit vollständigem Namen: Agnes Arine Handayani, und wird Arin genannt. Die Geschichte fand im gleichen Zeitraum statt, als Hermanita geboren wurde. Beide kennen sich und lieben sich, sie haben ja denselben Kakek.

Arin wurde von ihrem Vater zu mir in die Asrama in Muara Teweh gebracht, um auf die SMA zu gehen. Sie stammt aus einem kleinen Dorf am Barito-Fluss unterhalb von Muara Teweh. Nach nur wenigen Wochen verunglückte der Vater tödlich, er wurde von den von einem Truck herabstürzenden Baumstämmen zerquetscht. Im Dorf gegenüber von Muara Teweh wurde er beerdigt, und ich feierte das Requiem für ihn im Haus von Verwandten.

Nach der Messe sagte die Mutter: „Pastor, ich muss Arin von der Schule und der Asrama holen; ich kann das nicht bezahlen." Ich sagte spontan: „Mama Arin[29], Arin bleibt in der Asrama und geht weiter auf die SMA. Ich komme dafür auf." Seit der Zeit, also seit fast zwanzig Jahren, ist Arin meine geliebte „adoptierte" Enkelin. (Nicht rechtmäßig).

Arin ist sehr begabt, leidet aber oft an Asthma. Nach der dreijährigen SMA bekam Arin einen Platz auf der Universität ohne Aufnahmeprüfung. Sie wählte das Fach: „Indonesisch für den Schuldienst". Anschließend erhielt sie über das Bistum Palangka Raya von Misereor ein Studienstipendium, was allerdings vom Kakek etwas aufgestockt werden musste.

Sie wurde auch einmal als „beste Studentin des Jahres" gewählt, und bewegte sich viel im kulturellen Bereich, mit Theaterspielen und traditionellen Tänzen. Aber in dieser Zeit starb auch ihre Mutter. Da habe ich ihren jüngeren Bruder Tio aus dem Dorf ins Asrama geholt und auf die weiterführende Schule, die SMP, bei den Schwestern gebracht. Später

---

[29] *Mütter und Väter werden auf Kalimantan häufig mit dem Namen der Kinder angesprochen. Mama Arin heißt also einfach Mutter der Arin. Der weiter oben erwähnte Gebietskatechist Johan Babak Rina war Johan, der Vater von Katarina, also von Rina*

folgte er Arin in die Universitätsstadt und ging dort auf die SMA. Ich habe für die beiden eine gemeinsame Wohnung gemietet. Er hatte nicht den Elan zum Studieren wie seine ältere Schwester, was oft zu Reibereien zwischen den beiden führte.

„Kakek" (Opa) P. Hermann Stahlhacke mit seiner „Enkelin" Arin
(2021)

Arin bestand das Staatsexamen mit Bravour, und zog gleich weiter für das Magister-Studium nach Malang auf Java. Später kam Tio nach um sein Staatsexamen zu absolvieren, was allerdings ziemlich lang dauerte, weil er sich abends immer ein Zubrot verdienen wollte, als Bedienung in einem Café. Für Arin bekam ich einmal einen größeren Betrag vom „Missionsgarten" beim Libori-Fest in Paderborn, sodass ich immer über die Runden kam mit meinen beiden Studenten. Arin bestand das Magister-Examen mit „Cum Laude".

Aber keine Rose ohne Dornen. Sie verliebte sich in einen jungen Mann, gutaussehend, aber... Ich habe immer leise versucht sie zu überzeugen, sich von ihm zu trennen. Aber Liebe – wie sagt man – macht blind. Ich will nicht diesen ganzen unerquicklichen Abschnitt ihres Lebens erzählen. Arin wurde gern von ihren Mitstudentinnen „Feministin" genannt für ihr Eintreten von Gleichstellung von Mann und Frau. Nach der Hochzeit kam es so, wie es kommen musste. Für mich war es zudem deutlich, dass der junge Mann eine Frau als „Legalisierung" seines „Anders-Seins", seiner Homosexualität, brauchte. Er hatte eine gute Stellung an einer Bank. Er musste als „normaler Mensch" erscheinen.

Ganz gleich wie, schon in den ersten Tagen nach der Hochzeit, befehligte er an Arin herum wie ein Haustyrann. Und irgendwann ist dann Arin losgezogen. Sie sind bis heute nicht geschieden. Haben aber keinerlei Verbindungen mehr. Leben auch weit auseinander. Der Mann arbeitet irgendwo bei einer Bank in Kalimantan oder Java und Arin in Palangka Raya, der Provinz-Hauptstadt von Mittel-Kalimantan. Arin hat eine halbe Stelle als Dozentin an der theologischen Hochschule der evangelischen Kirche und wird öfters für Aushilfsvorlesungen geholt, wenn Dozenten/innen an der Universität krank oder anders verhindert sind. Aber das Honorar reicht natürlich nicht zum Leben. Sie macht Onlinehandel mit schicken Kleidern. Tio hat nun endlich sein Staatsexamen in Landwirtschafts-Technologie bestanden, und die beiden wohnen zusammen in dem kleinen Häuschen, das ich Arin vor der Hochzeit gebaut hatte, damit sie nicht gar so „klein und minderwertig" vor der reichen, eingebildeten Dozenten-Familie ihres Bräutigams dastand. Sie hatte genug erniedrigende Bemerkungen zu ertragen, aber eben: Liebe macht blind.

Arin hat nun zusammen mit Tio ein Café mit Dachterrasse aufgemacht. Tio kann so seine Erfahrungen aus seiner Studentenzeit einbringen. Es lief schon ganz gut, da kam „Corona" dazwischen. Aber vorgestern konnte sie mir berichten, dass eine „Re-opening" ein voller Erfolg war.

Ich habe das nüchtern beschrieben, aber … es ist eben „die Rose im Kleinen Prinz". Ja, Arin und Hermanita, nicht gesucht, sondern „gegeben". Der Kakek hat aber vielmehr erhalten als gegeben. – Soweit auch diese emotionale Erzählung."

Epilog – der Unruhestand

Ich habe wieder einen kleinen Bauauftrag von der Provinzleitung bekommen; ich ändere die Anordnung der Zimmer für unsere Postulanten; die werden zwar kleiner, ca. 3 x 3 m, aber dann können 11 Jungen auf der zweiten Etage kampieren. Zwei Badkammern mit WC müssen dann natürlich auch zu den drei vorhandenen dazu kommen. Ich schreibe Euch das, damit Ihr seht und hört, dass ich nicht einsam bin.

Bauaufsicht beim Umbau des Postulats 2021

Nächstes Jahr wollen wir das 25-jährige Jubiläum unseres Postulates feiern. Ich habe damals als Provinzial damit angefangen, unter lautem Protest unseres Chefs in Rom; aber die Geschichte hat uns recht gegeben: Wir haben jetzt 50 junge Männer in der Ausbildung. Ich stelle gerade den Werdegang zusammen. Wir sind zwar noch nicht über den Berg, aber es besteht Hoffnung und Optimismus.

Ja, das fehlt mir hier, ab und zu ein wenig klönen über alltägliche oder irgendwelche Dinge. Wir kommen nur zusammen beim Essen. Als Beppo noch hier war, bin ich oft morgens so um zehn zu ihm auf sein Zimmer gegangen, nur um einfach so zu klönen. Abends ging das nicht bei ihm; der war schon um 9 in der Falle. Seit einiger Zeit hat nun der neue Provinzial angefangen, dass wir uns mittwochsabends auf der Terrasse des Provinzialates mit allen Patres und Brüdern zusammensetzen, bei Bier und irgendetwas zu knabbern. Aber sonst.... ja, einfach so sich selbst etwas am Computer erzählen. Das Dumme ist, die Antwort lässt oft lange auf sich warten."

„Kuatkanlah hati-mu!" - „Mach stark Dein Herz."

P. Hermann Stahlhacke im Hof des von ihm
gebauten Seniorenzentrums mit Kindern
(2021)

Bina Sumber Daya: Die Quellen unserer Kraft bewahren – ein wichtiger Nachtrag

Als ein australisches Unternehmen nach dem Jahr 2000 im Urwald von Kalimantan begann, Gold zu suchen, sah P. Hermann Stahlhacke zu Recht die Lebensgrundlagen der einheimischen Bevölkerung gefährdet. Schon bald zeigte sich, dass die Flüsse, an denen die Dörfer der Dayak liegen, mit Quecksilber und Kaliumzyanid verseucht waren. Das Wasser war über die Dämme der Rückhaltebecken getreten und vergiftete die Flüsse. Fische, die zum Lebensunterhalt der überwiegend armen und auf Selbstversorgung angewiesenen Bevölkerung notwendig waren, schwammen tot an der Oberfläche. Das Land für die Gewinnung gold-haltigen Gesteins wurde den Dayak mit zweifelhaften Verträgen abge-nommen und verwüstet.

Dies war für P. Stahlhacke Anlass genug, gemeinsam mit den Bewoh-nern der Dörfer, nicht nur Angehörigen seiner Gemeinden, dagegen vor-zugehen. Er wurde Mitglied und aktiver Unterstützer der Organisation Bina Sumber Daya.

Bina Sumber Daya ist – auch heute noch – eine in Indonesien recht-mäßig anerkannte Organisation, die sich um die Erhaltung der Umwelt als Lebensgrundlage, um Bildung, um ökonomische Hilfen und um die Befreiung von ungerechten Strukturen gemeinsam mit den betroffenen Menschen bemüht. Sie nennen es indonesisch „pemberdayaan", was so viel bedeutet wie Kraft verleihen, Dynamik geben. Die meisten Mitglieder der Organisation sind Christen, aber auch Muslime und Angehörige der traditionellen Dayak Religion gehören ihr an. Initiator und treibende Kraft dieser Organisation ist Andreas Udang, ein einheimischer Mann, der sich gemeinsam mit seiner Frau engagiert. P. Hermann Stahlhacke kennt ihn gut und ist als „Förderer, Unterstützer und Ratgeber" von Bina Sumber Daya eingetragen.

P. Hermann Stahlhacke unterstützte die regionale Arbeit von Andreas Udang und die der Organisation in einem selbstlosen und mutigen Ein-satz neben seiner „normalen" Arbeit in einer Gemeinde. Frau Udang ist ausgebildete Katechistin in Gemeinden von P. Stahlhacke und arbeitete in den Dörfern vor allem mit den Frauen, um ihre Eigenständigkeit zu fördern, ihre Spiritualität zu entfalten und traditionelle und moderne Lebensweisen kraftvoll in Einklang zu bringen.

P. Hermann Stahlhacke beteiligt sich, wie dies exemplarisch an diesem Projekt gezeigt werden kann, auch politisch. Bei Bina Sumber Daya ging es ihm um die Erhaltung der Umwelt als Lebensgrundlage, um Bildung und um die Befreiung von ungerechten Strukturen gemeinsam mit den betroffenen Menschen. Dies ist Teil der seelsorglichen Arbeit. Es geht ihm auch um die Erhaltung des Lebens und der Lebensräume der Landbevölkerung und die Förderung der Frauenarbeit in Kalimantan durch die Katechistin Frau Udang. Das Projekt ist wie immer eingebunden in seine gesamte seelsorgliche und soziale Arbeit.

Soziale und Ökologische Projekte und Inkulturation – eine Ergänzung

Nach den eigenen Ausführungen von P. Hermann Stahlhacke ist eine ehrende Ergänzung angebracht, die ich ihm mit hoher Achtung widme. Er selbst lebt in größter Bescheidenheit und Einfachheit und spricht nicht gerne über seine sozialen und ökologischen Projekte, die weit mehr Raum und Erfolg aufwiesen, als er selbst berichtete. Dabei gehören sie zu seinem Alltag und haben immer einen Bezug zu seinem seelsorglichen Arbeiten, wie er selbst formuliert: „Der leibliche Wohlstand der Gemeindemitglieder war immer schon Teil der Missionierung." Ein Beispiel ist das Projekt Bina Sumber Daya, das ich oben dargestellt habe. Aber auch der Widerstand gegen die willkürliche Enteignung der Urbevölkerung zugunsten riesiger Ölpalmenplantagen für unsere Treibstoffgewinnung, die den Dayak ihren Lebensraum für Ackerbau und Jagd nimmt und als Monokultur langfristige Schäden verursacht, gehören zu seinem Engagement, das er auch im hohen Alter nicht aufgibt.

Ich habe ihn vor vielen Jahren (1988) in seinem Arbeitsbereich in Mittelkalimantan besucht und mich mit ihm in einer Zeit, als es noch keine Überlandstraßen auf der zweitgrößten Insel der Erde gab, auf eine Reise in seinen riesigen Seelsorgebezirk begeben. Dieser hatte etwa die Ausdehnung des Erzbistums Paderborn, wenn auch nur wenige (katholische) Christen in den weit auseinanderliegenden Dörfern lebten. Um von der Pfarrei in Pankalan Bun, einer großen Stadt mit Flugplatz und Regierungssitz, zu seiner Pfarrei Nanga Bulik zu kommen, musste man eine Tagesreise über 150 km mit einem „Speedboat" – die Indonesier schrieben es lautmalend „Spitbot" – den breiten Lamandau-Fluss hinauffahren bis zur Mündung des Bulik, eines Nebenflusses, der durch den Urwald bis zur letzten Siedlung an der Grenze zu Westkalimantan führt.

Um seine umfangreiche Arbeit und die Bedingungen zu verstehen, bin ich mit ihm von Dorf zu Dorf, von kleinster Pfarrei zu noch kleinerem Standort mit dem Klotok, einem schmalen Holzboot, gefahren und zu Fuß durch den Regenwald gegangen. Was mir auch nach den vielen Jahren, die dazwischenliegen, insbesondere in Erinnerung geblieben ist, war seine liebende und auch strenge Sorge für das Leben und die Sicherung der Lebensbedingungen der Urbevölkerung, unabhängig davon ob sie Christen, geschweige denn Katholiken waren. Wenn er in die Dörfer kam, erwarteten die Menschen dort, dass er auch die wichtigsten Medikamente mitbrachte, die sie für einen äußerst geringen Betrag, oft unter dem Selbstkostenpreis, kaufen konnten. Manchmal wurde auch in Naturalien, wie einem Beutel Reis bezahlt. Neben der überall grassierenden Malaria habe ich auch Leprakranke erlebt. Wenn diese Medikamente wünschten, erklärte er mir immer die Krankheit mit dem deutschen Begriff „Aussatz", da eine Nennung von Lepra, das im Indonesischen gleichlautend bezeichnet wird, zur Isolation des Betreffenden und zum Ausschluss aus der Dorfgemeinschaft geführt hätte. Soweit es ging, hat er auch kleine Polikliniken ins Leben gerufen und mit ausgebildeten Krankenschwestern besetzt, die das ganze Jahr über zur Verfügung standen.

In allen Dörfern, in denen auch ein Gebäude, und sei es ein „balai", das staatlich geförderte Gemeinschaftshaus des Dorfes, als Kirche fungieren konnte, hatte er Katechisten eingesetzt, „viri probati", erprobte Männer, aber auch Frauen, die während seiner Abwesenheit die Geschicke der Gemeinde leiteten, tauften, beerdigten, Gottesdienst feierten, die Bücher und, soweit notwendig, Geschäfte für die Selbstversorgung führten. Besonderen Wert legte er auch in den entlegensten Dörfern auf eine gute Schulbildung der Kinder, die nach indonesischem Recht in einer

Grundschule im Ort unterrichtet wurden. Aber eine weiterführende Bildung und spätere Qualifikation konnte nur in den größeren Orten wie Nanga Bulik oder gar Pangkalan Bun erfolgen. So hat er u.a. in Pangkalan Bun sowohl eine Mittelschule als auch eine Oberschule gegründet und in verantwortliche Hände gegeben. Die Lehrerschaft bestand aus evangelischen und katholischen Menschen und das Lernniveau war überdurchschnittlich.

Ein bedeutendes Anliegen seiner Arbeit war und ist die Inkulturation. Er bestärkt die eingeborenen Dayak darin, ihre eigene alte Kultur mit Stolz und Selbstbewusstsein weiter zu pflegen und sie auch in die modernen Abläufe einzubringen. So bestand er damals – im durchaus konflikthaften Gegensatz zu anderen Mitbrüdern oder Kirchenoberen – darauf, dass die Kirchenbauten die Tradition der Langhaus-Bauweise der Dayak aufgriffen und die hohe Kunst des Holzschnitzens und Rattan-Flechtens an die junge Generation weitergegeben wurde. In Merambang, einem Dorf am Bulik, hat er nicht nur die Beluntang-Figur als Altarkreuz eingesetzt, und damit eine Verbindung der traditionellen Religion der Dayak mit dem Christentum geschaffen, sondern auch die Tür von den kunstfertigen Schnitzern des Dorfes im Stil und mit der Symbolik der Dayak anfertigen lassen.

Auch die musikalische Tradition der Gongs von Kalimantan und ihre besondere Spielweise sowie die traditionellen Tänze bei Festen und im Gottesdienst behielten ihren Platz.

Er ist auch ein streitbarer Mensch, der für die Belange seiner Anvertrauten kämpft und dabei angstlos und gleichzeitig bedächtig handelt. Mir ist ein Fall in Erinnerung, als von einer in der Nachbarschaft betriebenen Moschalla, einer mit einer Kapelle zu vergleichenden kleinen Moschee, in Pangkalan Bun während des Sonntagsgottesdienstes offensichtlich absichtlich störend über die Lautsprecher laut der Koran zitiert wurde, sodass ein Gebet in der „Gereja", der eigenen kleinen St. Paulus-Kirche, nicht mehr möglich war. Er hat den Gottesdienst unterbrochen, ist dann im Messgewand zu der Moschalla gelaufen und hat energisch, aber konziliant dafür gesorgt, dass dies sofort und in Zukunft unterbleibt.

Besonders beeindruckend für mich war auch sein Bemühen, eine indonesische Form der Theologie der Befreiung zumindest anzubieten. Ich bin selbst bei einer Fortbildung der Katechisten aus den Dörfern seiner Riesengemeinde dabei gewesen. Es war für mich, der diesem theologischen Ansatz zutiefst verbunden ist, eine Freude, zu sehen, wie mit hoher intellektueller Kompetenz und feinem Einfühlungsvermögen der Dozent die einfache Praxis der meist laienhaften Katechisten bereicherte. Leider ist vieles von diesem Aufbruch durch klerikalistisch geprägte, reaktionäre Priester aus Polen, aber auch aus dem eigenen Land wieder in Frage gestellt. Manches, was ich hier aufgeführt habe, würde der bis in die kleinste Lebensregung bescheidene P. Hermann Stahlhacke nicht erwähnen. Er würde dies nicht, wie ich es hier aufzeige, als Verdienst, sondern als „normal" bezeichnen. Und gerade deshalb ist es angebracht, seine Lebensgeschichte als ein Lebenswerk zu erzählen, besser noch, von ihm erzählen zu lassen.

Eine kleine Anekdote zum Schluss: Als ich ihn seinerzeit besuchte, musste er auch in den Dörfern immer erklären, wer ich sei. Da das Indonesische keine Bezeichnung hat für den „Schwiegersohn meines Bruders" hat er einfach das Wort „menantu" für mich gebraucht, um unsere Beziehung zu erklären. Ich sah dann das Lächeln der Menschen, ihre Blicke, die zwischen ihm und mir wechselten, und dann verschämt auswichen. Die Erklärung war einfach: „menantu" heißt Schwiegersohn, nicht mehr und nicht weniger, aber wie P. Hermann Stahlhacke als konsequent zölibatärer Ordensmann zu einem Schwiegersohn kommen sollte, wollte nicht so einfach angenommen werden. (Walter Wolf)

Zeiten der Corona-Pandemie (2021)

Heute Morgen haben wir für eine Zeitlang die letzte Sonntagsmesse in der Kirche gefeiert. Sie war nicht ganz so gut besucht wie gewöhnlich. Die Kirche soll erstmal für 2 Wochen dichtgemacht werden. Aber ich denke, das wird auch noch über die Ostertage so sein, wenn man die Statistiken von Neuinfizierten usw. liest oder im Fernseher hört. Hier in Süd-Kalimantan gibt es bis jetzt nur „Verdächtig". Am schnellsten wächst Corona in Jakarta, was verständlich ist. Aber hoffentlich kommen keine italienischen Verhältnisse. Für mich ist die Devise „Zu Hause bleiben!" nicht schwierig einzuhalten; ich bin ja so schon ziemlich „isoliert.

Wir auf unserm Komplex sind mit einem blauen Auge an Schlimmeren vorbei geschrammt: ein Pater war beim ersten und zweiten Rapid-Test positiv; Gott sei Dank war der Abstrich negativ. Wir mussten alle zweimal den Rapid-Test machen; alle anderen negativ. Aber genug für heute. Euch allen alles Gute."

In der Zwischenzeit bin ich auch geimpft worden!

*P. Stahlhacke und Pastor Dami, Weltpriester, der mit der
MSF Gemeinschaft wohnt*

Lebensgeschichte aus dem Fotoalbum

P. Stahlhacke im Ordensseminar in Ravengiersburg (links)

Die Schulklasse von P. Stahlhacke vor der Adolfsburg in Oberhundem (unten)

P. Stahlhacke als Gymnasiast in Düren mit P. Bläser und P. Schulte

P. Stahlhacke mit Vater und Schwester im Noviziat in Mühlbach / Unterfranken (links)

P. Hermann Stahlhacke mit seinem Mitbruder und ehemaligen Drolshagener Nachbarn Alfons Harnischmacher

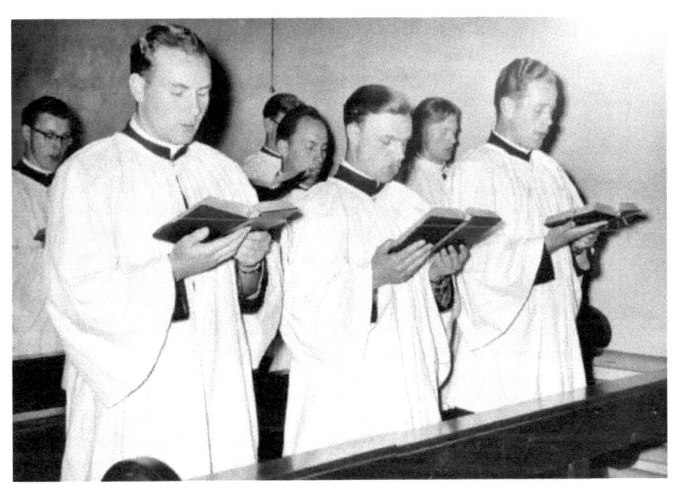

Ewige Profess am 28. April 1959

P. Stahlhacke als Student für das Lehramt

Priesterweihe am 2. Juli 1961 in Ravengiersburg

P. Stahlhacke beim
Schlusssegen in
der ersten Hl.
Messe; Ministrant
links sein Bruder

P. Stahlhacke beim
Primizsegen
(rechts)

Heimatprimiz in Drolshagen am 16. Juli 1961

Ständchen mit dem „4-S-Quartett", das sein Vater geleitet hat, mit Bruder Werner und Freunden bei der Feier nach der Heimatprimiz

P. Stahlhacke beim Festessen nach der Heimatprimiz mit Gemeindepastor Becker (2. von links), P. Neu MSF (3. von links) und P. Kruse OFM (Krankenhausseelsorger in Drolshagen)

P. Stahlhacke im Elternhaus mit Vater (2. von rechts), den Brüdern Werner und Erich sowie Schwester Anneliese

P. Stahlhacke mit seinem Team in Pangkalan Bun 1988

Das Pfarrhaus in Nanga Bulik (1988)

Mit dem „klotok" auf Tournee auf dem oberen Bulik, am Steuer Johan Babak Rina, der Gebietskatechist. Die Flüsse waren die einzige Verkehrsader.

P. Stahlhacke bei einem Treffen mit Gemeindemitgliedern im Haus von Johan Babak Rina nach dem Gottesdienst (1988)

P. Stahlhacke packt vor der „Tournee" Medikament für die Dorfbevökerungen ein

Übernachtung regelmäßig im Balai (Dorfgemeinschaftshaus) mit einer Matte auf dem Boden, hier in Merambang. (1988)

Die „Fernverbindung" zu den Dörfern; der Flusslauf des oberen Bulik (1988)

P. Stahlhacke tanzt mit Gemeindekatechisten traditionelle Tänze der Dayak, hier auf der Abschlussfeier der Fortbildung in Pangkalan Bun. (1988)

P. Stahlhacke gibt einem lernenden Dayak Anweisungen für den
Bau einer Stützmauer und dessen erster Viertel-Wendeltreppe
(im Hintergrund) bei einer Schule in Pangkalan Bun;

Weggefährten:
P. Beppo Mohr (links)
und Msgr. Bischof
Demarteau (unten)

111

Inkulturation:
Tanzende und trommelnde Dayakfrau im Gottesdienst (oben)

Heilige Familie als Dayak mit Blasrohr (Mann), Kette (Frau) und Dayakschwert (Kind)

P. Stahlhacke mit MSF-Schwestern beim Nachtisch: pisang (Banane)

Inhaltsverzeichnis

Bildnachweise:

P. H. Stahlhacke: Seiten 8, 12, 15, 54, 65 – 66, 70, 73 – 77, 79, 84, 86 – 87, 93 – 100, 106, 108

W. Wolf: Seiten 29, 30, 34, 37, 39, 43 – 52, 72, 101 – 105, 107

MSF Provinz Kalimantan: 63 - 64, 106, 108

Umschlagfotos: P. H. Stahlhacke

Umschlaggestaltung: W. Wolf

Herausgeber:

Walter Wolf, Jahrgang 1951, Studium der Pädagogik, Soziologie, Psychologie und Katholischen Theologie; bis zum Ruhestand Bildungsarbeiter und Leiter von Bildungshäusern; 50 Jahre ehrenamtlich im sozialen, verbandlichen und kirchlichen Bereich; Veröffentlichungen vor allem zu konzeptionellen Themen, u.a. bei der Bundeszentrale Politische Bildung und Arbeitskreis deutscher Bildungsstätten; Beratung und Coaching von kleinen Organisationen und großen Verbänden